歴史文化ライブラリー

432

江戸のパスポート

旅の不安はどう解消されたか

柴田 純

吉川弘文館

目　次

旅に倒れて——プロローグ

1　旅に倒れて

喜兵衛母すぎの苦難

美濃国《みののくに》（岐阜県）恵那《えな》郡下村喜兵衛の母すぎ（五六歳）は、文化十五年（一八一八）二月に、西国順礼《じゅんれい》のため出国した。最初何人かの仲間と一緒に国元を出立したが、仲間とはぐれ、一人で歩行している途中の六月十二日に、「千歳峠《ちとせとうげ》（普甲《ふこう》峠）字さやケ谷」で足を痛め困窮しているところを、宮津《みやづ》藩領（京都府）の小田村の農民に保護された（『宮津市史　通史編下巻』）。

その後すぎは、岩洞茶屋に小屋を建て、養生につとめたが回復せず、また、極難渋者《ごくなんじゅうしゃ》で所持金もなかったため、自力で帰国することができず、「継《つ》ぎ送り」で国元への送還を願い出た。そこで小田村では、藩役人にこの間の事情を記した届書《とどけがき》を提出し、役人の許可を得て、国元まで「町在継送《ちょうざいけいそう》」（宿場と村々をつないでの移送）で送り返すことになった。

すぎが国元への送還を認められたのは、次のような往来手形《おうらいてがた》（往来一札《いっさつ》）を所持していたからである。

往来一札

一、美濃国恵那郡下村喜平母すぎという女、このたび願い事があって、西国順礼に出立する、ただし、この女の宗旨は代々禅宗で、当寺の旦那《だんな》に相違ないので、国々の御関所を問題なく通してやってほしい、万一途中で病気になるか、また、病死などした場合は、その地の作法に従い処置して下されたい、もし夕暮れ時に宿泊場所がない場合は、一夜の宿をお願いしたい、後日のため往来一札を右のとおり認《したた》める

文化十五

寅二月

濃州恵那郡

禅曹洞

玉泉寺

国々

御関所

処々宿村役人中

右の往来手形は、最初、すぎが西国順礼の目的で旅に出たことを記し、次に、身許《みもと》を証明する文言があり、最後に、途中での病気や病死など困難に遭遇した際の救援を依頼して

いる。なお、すぎの旦那寺である玉泉寺が発行したことがわかる。
すぎから国元への送還を頼まれた小田村は、右の往来一札で身許を確認し、宮津藩の役人に届け出て許可を得、同年六月十八日付の「町在継送状」(送り状ともいう、図1)を与えて、国元へ向けて送り出した。町在継送状は、すぎの身許や継送するにいたった経緯、食事など途中での世話依頼を記載し、出発地である小田村の村役人が署名して、途中の「関所」や「町在御役人衆」を宛名にした文書で、領主の許可を得て送り出した旨が必ず記入されていた。

その後、すぎの国元下村の村役人から小田村の村役人衆に、すぎの無事到着を知らせる七月付の礼状が届けられた。先の往来一札の差出者玉泉寺には印がなく、すぎが持っていた原本を小田村で写したのに対して、小田村がすぎに渡した町在継送状には、小田村の村役人らの印鑑が押してあって、すぎに渡した原本であることがわかる。つまり、下村の村役人からの礼状とともに、町在継送状も小田村に返却されたのである。なお、すぎの保護が六月十二日で、送り出した町在継送状が六月十八日付になっていることから、継送がスムーズに行われていたことが知られる。保護から送り出しの過程が、システム化されていたのだ。すなわち、旅の途中で困難にあい、しかも所持金がなくても、往来手形さえ携帯していれば、何とか国元まで送ってもらえたことがわかる。十分な旅費を持たない旅人が、

4

文書・宮津市教育委員会蔵）

途中での野垂《のた》れ死《じ》にを心配せず、旅に出る条件が生まれていたといってもよい。

津軽からの村送り

伯耆国《ほうきのくに》（鳥取県）会見《あいみ》郡粟島村新田の栄助は、安政六年（一八五九）九月十七日に、陸奥国《むつのくに》（青森県）津軽今別《いまべつ》町から国元へ村継ぎで送られることになった。今別町名主の梅田佐兵衛は、送り出すにいたった事情を、「壱本木より村々庄屋中」に宛てて、次のように述べている。すなわち、栄助は、北海道の松前表《まつまえおもて》から三厩《みんまや》へ渡海し「当所」に参ったが、ふと病気になり、次第に重くなって歩行が難しくなった。そして、栄助が「行駄《あんだ》」（竹や木で編み、目覆いのない粗末な釣りかご、あおだともいう）での帰国を願ったので、いろいろ尋ねたところ、「寺請状《てらうけじょう》」を所持し、身許が確かだったため、国元に送ることにした。また、栄助が秋田通より北国通を望んだので、「碇《いかり》ケ《が》関《せき》通」のルートで送ることにし

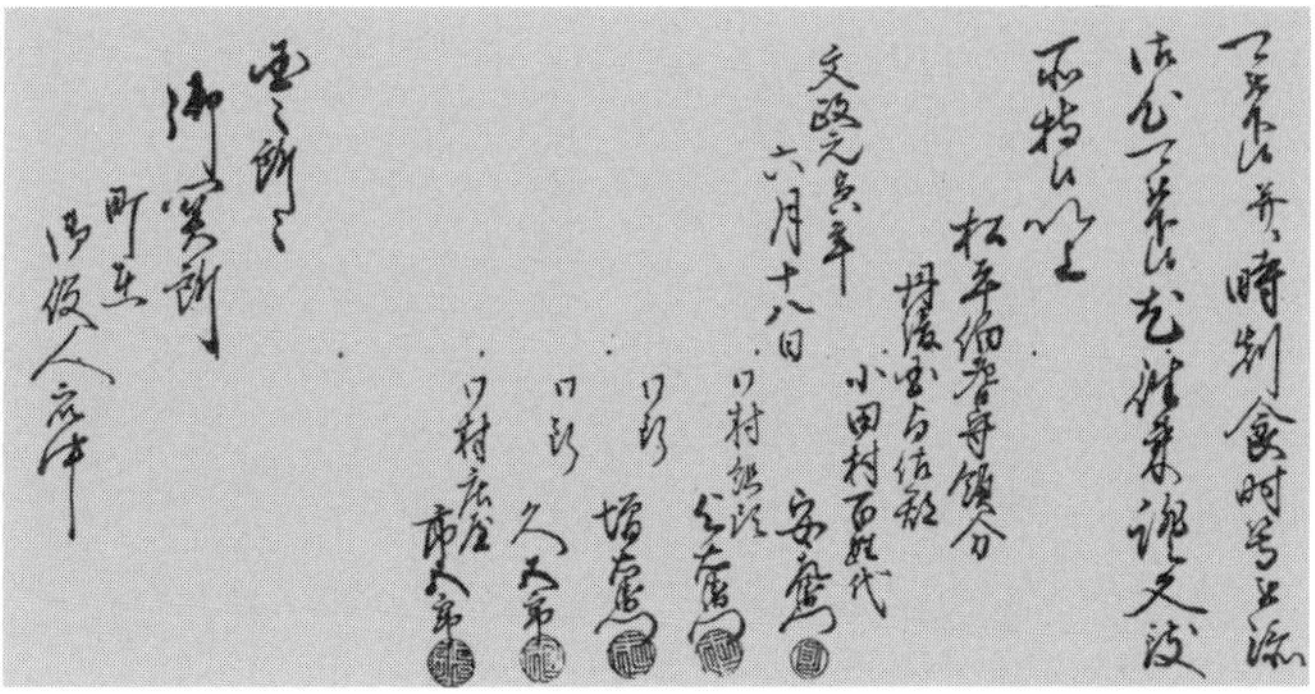

図1　町在継送状（粉川家

た。栄助は当年二八歳とある。なお、病人は不快で「不弁」（物事が思うようにできないこと）なので、食事などの手当をお願いしたいと、追伸で書き足している（「在方諸事控」『鳥取県史』所収）。

栄助の身許を確認した寺請状は次のとおりである。

宗門往来手形之事

一、当国会見郡粟島村新田栄助の宗旨は、代々禅宗で当寺の旦那に相違ない、今度売買のため、隠岐国《おきのくに》に渡ることになったので、関連する御関所を問題なく通してやって下されたい、万一病気や病死した場合、その地の御国法に従い処置して下されたい、その場合、こちらへの連絡は必要ない、後日のため宗門往来手形を右のとおり認める

天保十四年卯四月日　伯州米子

瑞仙寺

処々御関所
　御役人衆中

右の往来手形も、すぎの場合と同様に、身許確認と旅の目的（出稼ぎ）、緊急時の救援要請からなっている。往来手形の発行者は、現在も米子市にある瑞仙寺で、日付は天保十四年（一八四三）四月、宛先は処々御関所御役人衆中となっている。すぎ一件での小田村の村役人と同様、今別町の名主も寺請状で身許を確認し、栄助を送り出したことがわかる。

栄助の死去

しかし、栄助は安政六年十月三日に、出羽国《でわのくに》（山形県）庄内《しょうない》領田川郡木野俣村で村送りの途中死去してしまった。木野俣村の肝煎《きもいり》ほか二名が、庄内藩の役人に命じられ、「死骸」や所持品の引き取りを求めて、粟島村新田御役人中に宛てた書状は次のとおりである。

まず、栄助の所持品を書き上げ、次に栄助が村送りになったいきさつを述べ、「十月十三日日暮六ツ時」に木野俣村に送られてきたこと、村では「それほど重病」にも見えなかったので、食事の有無を尋ねると、水を飲みたいとのことだった。だが、村方に医師もいないので、「万病円」を含ませて水を与え、「早速先駅へ継送」した。しかし、途中で急死したといって、継送の者が戻ってきた。そこで、村の肝煎らが立会って検分《けんぶん》し、支配役場に届けた。その後、役人がやってきて、肝煎らや継送の者を「吟味」し、問題はないとのことであった。ただし、死骸は村方寺地へ仮埋めにし、「建札」をして、身寄りの者に知らせるよう命じられたので、連絡すると述べている。

右の肝煎らの書状は、庄内藩から江戸の鳥取藩屋敷に送られ、鳥取藩の江戸御留守居《おるすい》から国元の御船手《おふなて》に送られ、村方取り調べとなった。粟島村新田はすでに「分村」となり「安部村」となっていたため、安部村の組頭行司《ぎょうじ》が取り調べ、その結果を粟島村の庄屋に次のように報告している。

安部村に「同名の者」はいるが、年齢も相違し、現在他行してもいないと述べ、そのほか心当たりの者もいないと返答している。栄助なる者は粟島村新田に存在しないというのである。安部村の返答がどこまで事実を伝えているか、今は確認できない。しかし、右の栄助の事例は、いくつかの注目すべき問題点をわれわれに示してくれる。

栄助が携帯していた往来手形は、天保十四年のもので、村送りとなった安政六年の一六年前のことである。しかも、今別町名主の書状によれば、栄助は当年二八歳とある。事実なら、栄助が隠岐国に売買のため渡海した時点の年齢は一二歳である。一六年前の往来手形の有効性いかんは今問題にしないとしても、安部村が栄助の存在を否定していることとあわせて、栄助の携帯した往来手形がどこまで信用できるか疑問が残る。

栄助が携帯した往来手形は、後に詳述する参詣人や出稼《でかせ》ぎ人が携帯した往来手形と形式上大きな違いはなく、発行者の「瑞仙寺」も当時確実に存在していた。往来手形は、あとで詳しく述べていくように、明和四年（一七六七）の幕府法令以後、日本列島で今日のパスポートと同じ役割を果たすのだが、他方で、発行してもらえない無宿人《むしゅくにん》などの帳外《ちょうはず》れ（宗門人別《しゅうもんにんべつ》改《あらため》帳《ちょう》から除かれた人々）は、偽往来手形を悪用するようになっていた。そうした事情を考慮すると、栄助の携帯した往来手形が偽物であった可能性は排除できない。

なお、村送りのルートは、栄助が秋田通より北国通を希望したことから、まず碇ケ関通が目指された。当時は、「三厩—油川—浪岡—弘前—碇ケ関」（碇ケ関街道）が「津軽の表玄関」となっていたので（長谷川成一編『街道の日本史3　津軽・松前と海の道』吉川弘文館）、このルートを通って碇ケ関に行き、ついで日本海に向けて羽州《うしゅう》街道を能代《のしろ》に向かい、秋田・鶴岡をへて木野俣村にいたったのであろう。この行程でほぼ一七日間かかっている。村送りがその地域の主要街道を使っていることがわかるのである。

帳外武蔵の国元送還

紀州《きしゅう》（和歌山県）田辺《たなべ》領西ノ谷村分江川本町茶屋勘左衛門悴《せがれ》文蔵こと武蔵は、天保八年（一八三七）五月、紀州藩の江戸屋敷から田辺へ送られてきた。武蔵が江戸から送られてきた事情は次のとおりである（『田辺万代記』清文堂出版）。

天保八年四月、西ノ谷村庄屋が大庄屋《おおじょうや》田所氏に出した「口上」は次のように記す。紀州藩江戸屋敷から問い合わせがあった。すなわち、幕府の役人からこの正月より江戸品川御救小屋《おすくいごや》に入っていた武蔵を引き渡すとの連絡があり、藩役人が当人所持の品を調べたところ、田辺龍泉寺発行の「送り一札」を所持していた。この送り一札の記載は事実か、もし事実なら、同人親を迎えによこせとのことである。右の問い合わせに対して、西ノ谷村庄屋は、武蔵は去る午年《うま》(天保五年)四月に和歌山表へ稼ぎにいったが、「如何《いか》の参会」(博奕《ばくち》)に交わり、かつ、不行跡のため、去々未《ひつじ》(天保六年)九月に親や親類が義絶《ぎぜつ》し帳外《ちょうがい》を願い出、領主から聞き届けられている、との「請書」を提出した。

右で話題になっている送り一札は次のとおりである。

往来一札

一、当方茶屋勘左衛門悴文蔵という者、代々浄土宗門で当寺の檀那《だんな》に相違ない、このたび御地へ稼ぎに参るため、往来一札を願い出たから、その意に任せ派遣するので、左様御承知下されたい、それで一札を右のとおり認める

天保五年午四月　　田辺

龍泉寺

武蔵が和歌山に出稼ぎに行った際の往来手形で、旦那寺による身許証明がある。栄助の宗門往来手形が病気または病死の際の対応を期待し、すぎの往来一札が、病気または病死

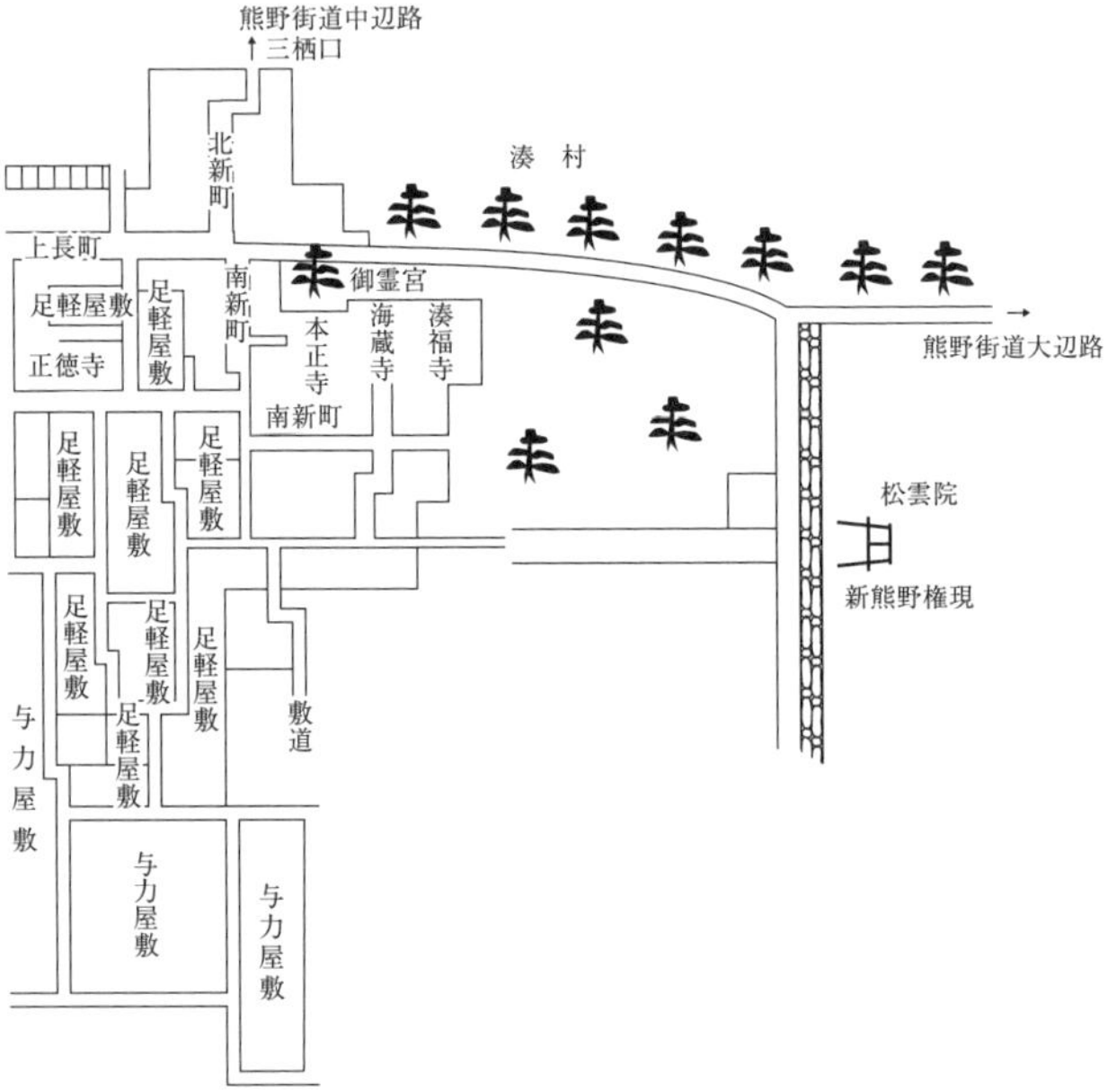

（『田辺市史　第六巻』を基に作成）

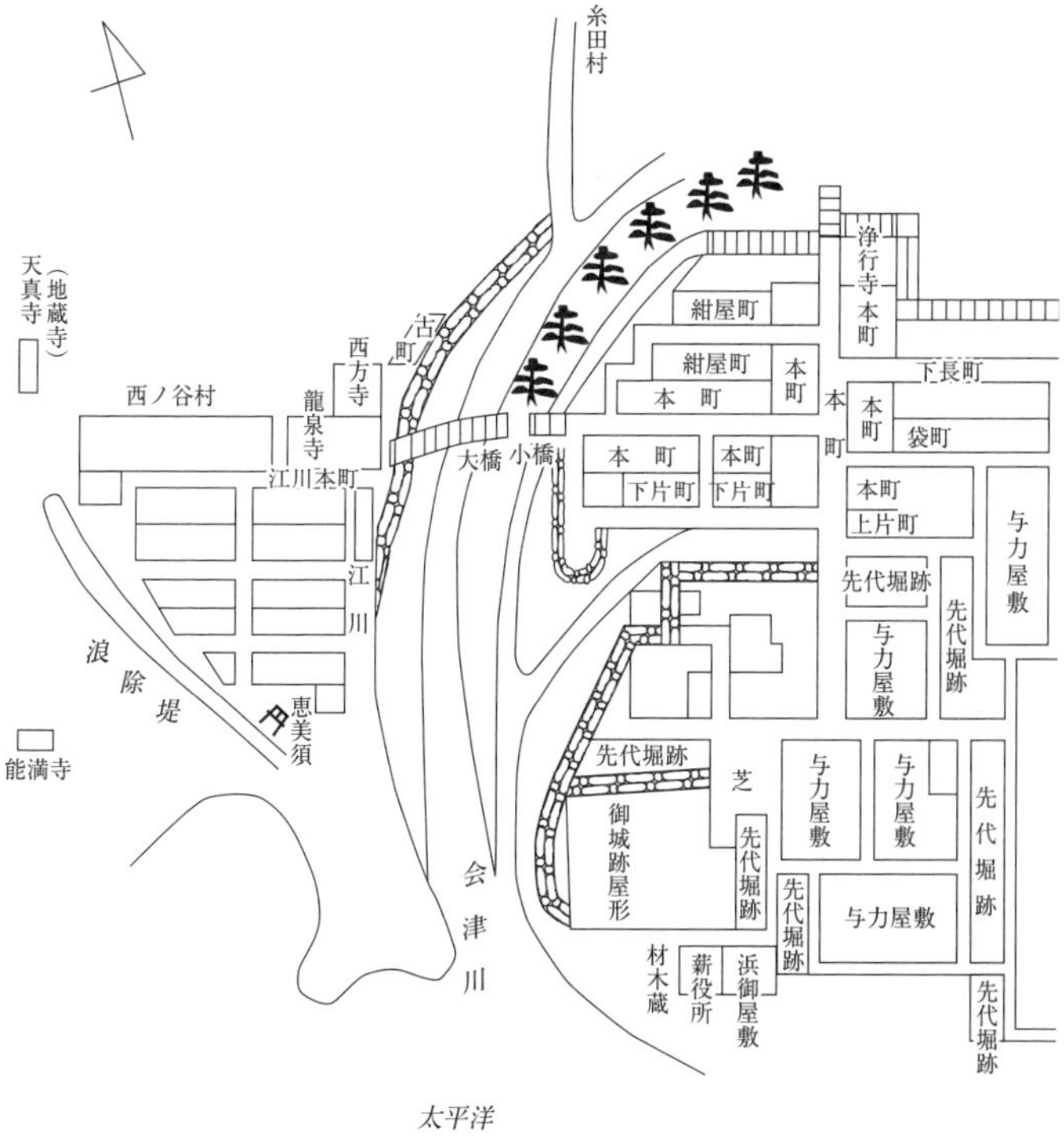

図２　田辺城下町・江川略図

の時の対応とともに、夕暮れ時の宿泊救援まで期待していたのにくらべ、きわめて簡略である。田辺から和歌山への出稼ぎで、同じ藩内での移動であったからであろう。

さて、勘左衛門は武蔵の迎え要請に対して、義絶帳外が願い済みになっており、かつ遠路を迎えに行くのは難渋なので、迎えが不用になるように願い出、田辺の役人がこの旨を和歌山表に連絡した。ところが、五月に来た和歌山からの返答は、現在江戸表において別紙のとおりの御触《おふれ》が出たので、江戸表から帰国する御中間《おちゅうげん》が付き添い帰国を取り計らうというものであった。

忠邦の無宿帰住政策

右の別紙というのは、天保八年（一八三七）三月晦日《みそか》に、老中《ろうじゅう》水野忠邦《みずのただくに》が大目付《おおめつけ》へ宛てた次の触である。

水野越前守殿御渡

大目付へ

一、品川外三ケ所の御救小屋へ入れた者のうち、現在村方の人別《にんべつ》を除かれた者であっても、幕府領や万石已下《いか》の知行出所の分は、なるべく帰住させ、それ以外の者は人物に寄り、荒地または人足寄場などへも遣わす積《つも》りで、公儀ではいろいろ御仁恵の処置を取っている、右の趣意を厚く心得、仕置などを申し付けた者でなく、村方の人別を除いた類や、御救小屋へ入っている分は、かかりの御代官より元の領主へ引

き渡した場合、追い払いなどはせず、欠落《かけおち》しただけの者は、なるべく宥免《ゆうめん》のうえ、
帰住させる積りで、手当をするように
右の趣を万石已上の向《むき》へ洩れがないよう、触れるように
水野忠邦の名を欠いた、ほぼ同文のものが、『御触書天保集成《おふれがきてんぽうしゅうせい》』に掲載されている。
忠邦は、天保六・七年と続いた諸国飢饉《ききん》により、米価高値になってその日稼ぎの者が困窮におよんだ事態に対して、天保七年十月、御救のため神田佐久間町河岸へ小屋を建て、朝夕の賄《まかな》いは、町会所より下して、江戸の窮民《きゅうみん》対策を行なった。江戸の窮民対策は、その後、天保八年三月と五月に、勘定奉行《かんじょうぶぎょう》に対して、浅草御蔵の「御米二万俵」を供出し、末々の者に渡すように命ずるいっぽうで、同年三月に大目付へ、伊那半左衛門ら「御代官」に、品川、板橋、千住、内藤新宿辺に御救小屋を建て、道路にまよい、あるいは行《ゆき》倒《だおれ》の者などがあれば、近くの御救小屋に入れるよう指示した。この趣旨は、江戸中武家方寺社の向へも触れられた。
三月晦日付の大目付へ宛てた触《ふれ》は、諸大名に対して出されたもので、御救小屋に入れた者のうち、幕領出身者で科《とが》のない帳外れはできるだけ帰住させるという幕府の政策に従い、諸大名家でも、幕府と同様の処置をとるように要請している。同年七月には、町奉行に対して、いまだに道路にまよい、または行倒の者が少なからずいるとの認識のもと、今後武

家屋敷近辺は小人目付《こびと》が見廻り、御救小屋へ送方を指図し、町方は、組同心が日々見廻り、小屋入りを願わない分は除き、願う者は、最寄の御救小屋へ送るようにせよと指示し、この触を町々木戸際《きどぎわ》へ張り出し置くように申し渡している。

忠邦は、無罪の無宿をできるだけ国元に帰住させ、地方《じかた》の人別（宗門人別改帳の記載人数）減少に歯止めをかけようとする政策を、天保十三年からのいわゆる天保改革で実行したが、実際には、すでに天保七年頃から意図していたことが知られるのである。

武蔵、紀州に帰る

紀州藩では、右の幕府の触をうけ、勘左衛門の願いを却下し、武蔵を帰国させた。同年八月、西ノ谷村の庄屋は、武蔵が先非を悔い本当に心底《しんてい》を改めているので、親や親類が武蔵の帳外御赦免を願い出たとして、藩役所に帳外御赦免を願い出た。この時、西ノ谷村の庄屋は、武蔵の帳外れの真相が、和歌山表へ古手商《ふるてあきな》いに出、右代銀を使い込み、そのまま江戸表へ欠落したからだと述べている。代銀の使い込みが表立てになっていれば、武蔵は科人になっていたはずである。真相は不明だが、おそらく父親の勘左衛門が武蔵を帳外れにするいっぽうで、代銀を弁済し、内済《ないさい》にすることで解決していたのであろう。だから武蔵は、「有罪の無宿」ではなかったと考えられる。

だが、同年九月二十日に、武蔵を江戸表より連れ帰った際の諸入用として、和歌山の役所から、勘左衛門が出費の半額を納めるように、西ノ谷村に連絡が入った。江戸から和歌山までの道中入用、和歌山から田辺表への送り入用、旅籠《はたご》代、江戸から和歌山へ連れ帰った際の道中宿賃などで、合計銀三二二匁《もんめ》一分二厘五毛であった。西ノ谷村が残り半額を村入用から支出した。武蔵が帳外れであれば、こうした出費は親や村方にかかってこないはずである。にもかかわらず、西ノ谷村や勘左衛門に出費が命じられたのはなぜだろう。あえて推測すれば、武蔵が江戸を出立する段階で、帳外れを赦免になっていたので、親や村方に縁座《えんざ》や連座《れんざ》の規定が適用されたためであろう。

右の武蔵一件は、帳外れと帳外赦免の問題、縁座や連座の問題、水野忠邦の人別増加に向けた施策の問題など、多くの課題を与えてくれるのである。

本書では、冒頭のすぎ一件でみられたような旅行難民救済のシステムを「パスポート体制」と名づけ、こうしたシステムがどのように成立・展開し、終焉《しゅうえん》を迎えたかを、一つの大きな課題にする。しかし、右のシステムで重要な往来手形は、基本的には、本人の属する町や村の役人、または本人の旦那寺が発行した。それゆえ、往来手形を発行してもらえる人々にとっては、パスポート体制は福音であったが、発行してもらえない人々、いわゆる無宿（むしゅく、やどなし、宗門人別改帳から除外された人々。現行の無戸籍者）は、パスポート体制から完全に除外されていた。つまり、無宿の存在は、いわばパスポート体制の影の部分に相当する。栄助が携帯していた往来手形が本物かどうかとか、武蔵はどうして「帳外赦免」になりえたのか、といった問題を含め、江戸時代後期に急増する無宿はどういった人々で、パスポート体制とどう関わっていたか、これらの問題の考察が本書のもう一つの課題である。

庶民の旅急増の背景

江戸時代の庶民の旅は、およそ元禄時代、つまり十七世紀末から十八世紀初めの頃から増えはじめ、十八世紀後半から急増して、十九世紀前半にピークを迎えた。一〇〇〇ページをこえる大著『社寺参詣の社会経済史的研究』（塙書房）を著した新城常三は、江戸時代になって庶民の旅が盛行した背景を次のように描いた。

自立した農民が多数生まれ、かつ、江戸、京都、大坂の三都や各地に城下町が成立して、豊かな町民が生まれたこと。五街道《ごかいどう》などの街道が整備され、寝泊りするだけの木賃宿《きちんやど》でなく、食事や風呂、ふとんなどを備えた旅籠が生まれ、金銀銭の三貨が鋳造されて、高額貨幣を宿場などで両替でき、為替《かわせ》を活用できるようになって、交通環境が好転したこと。その結果、旅は中世までのような苦しい修行的なものでなく、観光や買物を楽しむ遊楽的なものになったこと。さらに、伊勢講《こう》や富士講などの講が発達し、参詣費用を出し合い交代で参詣できるようになり、また、浪花《なにわ》講や三都講などのように、旅宿の世話などをして安心な旅を用意する業者も現れた。他方で、旅人の下層化は、乏しい資金を持って旅に出、途中で資金が尽き、農閑作業を手伝うなどのアルバイトをし、また袖乞《そでご》いをしながら旅を続ける、乞食《こじき》順礼の横行を招き、旅人の急増をいっそう促していった。新城常三が指摘した右のような諸側面が、江戸時代の庶民の旅盛行に大きく寄与したことは、おそらく事実であろう。

だが、右の指摘は、庶民の旅を盛行させたハード面だといってよい。十八世紀末から十九世紀前半のピークをリードしたのが、中下層の庶民であったことを考えれば、こうした人々が途中での野垂れ死にといった危険を回避し、安心して旅に出かけられる条件、つまり、旅人の安心を保障するようなシステムが必要であった。十九世紀前半のピークは、こうしたソフト面の整備に旅盛行の直接的契機を求めるべきであろう。すなわち、旅行難民対策が整備され、旅行難民救済システムとでもいえる体制が、日本列島全体で機能しはじめたからだといってよい。美濃国のすぎが、往来手形を携帯していたため保護され、国元まで無料で送還された事例が示しているシステム、つまり、往来手形の携帯を前提にした救済体制がそれである。

新城常三と往来手形

新城常三は往来手形の意義についてあまり多くを語っていない。むしろ否定的に言及して、次のように主張する。

抜参《ぬけまい》りには二つの用例がある。一つは、一定の手続きを踏まぬ場合や参詣禁止中に、禁令を冒して参詣することをいう。しかしながら、一般には、主人、家長の許可なしに無断で家を飛び出し、従って領主の許可書たる往来手形も受けないという、二重の違反行為による伊勢参宮を意味する。江戸時代の抜参りは大半後者の意味で使用されているが、その際の抜参りは、主人、家長への無断家出という面に、より重点が置かれる。

右の主張のなかで問題なのは、「領主の許可書たる往来手形」の箇所である。一般の参詣者や出稼ぎ人、入湯者などが携帯する往来手形の発行者は、村の庄屋《しょうや》や町の年寄《としより》、あるいは旦那寺が基本である。領主が介入するようになるのは、幕府が天保改革の人返《ひとがえ》し令との関連で、往来手形の発行に領主の承認を求めるようになる天保十四年（一八四三）以後のことである。詳細はあとで考察するが、天保改革以前は、一部の領主が介入の動きをみせてはいるが、幕府や多くの藩はまったく関与していない。つまり、新城が主張する「領主の許可書たる往来手形」は、天保十四年以後についてはいえるとしても、それ以前には無理である。抜参りは、新城が主張しているように、すでに近世前期から問題化しているのだから、抜参りの定義に「領主の許可書たる往来手形」を持ち出すことはできない。新城が往来手形に言及している箇所は、抜参りともう一つ、「封建的規制」の箇所である。「領民は、当時、他国旅行・遠隔参詣の為《ため》、現在の如《ごと》く、自由に家や国を出ることは出来ず、往来手形・関所手形等を必要とした。しかし、その交付方法は藩によって異なり、旦那寺や庄屋から簡単に交付されるか、庄屋・五人組等に届出れば済むものもあったが、領主に申請して、その許可を要する場合が多かった」というのである。関所手形と往来手形の「交付」が同一の目線で語られているが、往来手形は、天保十四年以前は、引用文中にあるように、旦那寺や庄屋から簡単に交付されていたのであって、領主に申請して、その許可を要する場合は少なかったのである。

往来手形はパスポート

往来手形にみられる救援要請の箇所に注目し、旅行難民救済の実態を最初に考察したのは、内藤二郎「幕府期庶民旅行とその保護施設」（『日本歴史』一七五号）である。内藤の論文は、山陽道《さんようどう》の岡山市に近い沼《ぬま》村に残された史料を材料にして、安永二年（一七七三）段階の山陽道における行倒や村送りの実態を考察しており、貴重な仕事である。しかし、往来手形を軸にした旅行難民救済システムの成立から展開を総合的に検討するにはいたっていない。

その後の成果として、荒井貢次郎「往来手形と賤民哀歌」（石井良助編『近世関東の被差別部落』明石書店）、高橋敏「近世民衆の旅と行旅病死」（『沼津市史研究』第二号）、同『家族と子供の江戸時代』（朝日新聞社）、五島敏芳「往来手形考」（『史料館研究紀要』二九号）、松本純子「行き倒れ人と他所者の看病・埋葬」(『東北文化研究室紀要』四二集)、同「近世における行き倒れの一分析」(『日本歴史』六五一号)などがある。個々の論点では参考になる箇所がみられたが、旅行難民救済システムの全体的把握といった視点からいえば、あまり多くは期待できなかった。そこで本書では、旅行難民救済システムがいつどのようにして成立し、パスポート体制としての実質を備えていくかを一つの大きな課題として考察していく。

現代日本のパスポート体制は、幕末の開国後、欧米のパスポート体制を参考にして整備されたというのが通説である(大鹿武『幕末・明治のホテルと旅券』築地書館、柳下宙子「戦前期の旅券の変遷」『外交史料館報』一三号など)。しかし、幕末に成立した日本の外国用パスポートは、現代のパスポートと同じく、最初から身許証明規定と保護救済規定を合わせ持っていた。すなわち、幕末に成立したパスポートは、近世の往来手形と文章表現は異なっているが、右の二つの規定を持つ点で同じであった。また、文化十一年(一八一四)に成立した、日本最初の英語辞典『暗厄利亜(あんげりあ)語林大成』(本木正栄他編著、大修館書店)は、passportを「往来文(オ、ライテガタ)、又赦書(ユルシヂャウ)」と表記していた。つまり、近世後期の日本では、往来手形が知識人によってパスポートと認識されていたのである。

ちなみに、従来のパスポート研究では、「十九世紀初頭のヨーロッパでは（中略）パスポートといえば国内用パスポートが大半」（春田哲吉『パスポートとビザの知識』有斐閣選書）であり、パスポート大国といわれるフランスでは、フランス革命以前から「国内用旅券と外国用旅券」（宮崎揚弘編『ヨーロッパ世界と旅』法政大学出版局、および同編『続ヨーロッパ世界と旅』法政大学出版局）があり、国内用旅券は、フランス革命中に一時廃止されるが、一七九三年二月には復活し、以後二十世紀前半まで廃止されることはなかったという。すなわち、幕末期の外国用パスポートの成立は、欧米の影響というよりは、身許証明規定と保護救済規定を合わせ持つ近世の往来手形の大きな影響のもとで成立したと考えるべきなのである。欧米のパスポートは、おおむね保護救済規定がないからである（『パスポートとビザの知識』）。それゆえ、日本近世の往来手形を国内用パスポートと表記しても何の問題もないといえよう。

パスポート体制と無宿

もう一つの大きな課題は、パスポート体制から排除された人々の問題である。近世のパスポート体制は、近世人が自己の属する団体、すなわち町や村、あるいは旦那寺から身許証明書である往来手形を発行してもらい、旅の途中で不慮の出来事などにあった際、保護・救済してもらうシステムである。他方、往来手形を発行してもらえない乞食（無宿や野非人《のひにん》などの帳外れの人々をさす。現代の無戸籍者と同様の立場の人々である）は、近世のパスポート体制から排除された人々だといってよい。パスポート体制の恩恵を受ける人々は、いわゆる「士農工商えた非人」といわれる身分で、領主にとっては領民であり、領主の保護下にあって、その身分に課せられた「役《やく》」（役割）を担っていた。だから、飢饉時には領主から施行米《せぎょうまい》などの救済を受けることができた。しかし、乞食は、宗門人別改帳（現代の戸籍に相当）から抹消された帳外れで、いわば身分外の者として、「役」を課せられないかわりに、領主の保護が期待できない、ほとんど無権利の状態にあった人々である。

八ページにあげた紀州田辺の武蔵は、江戸の御救小屋に保護され、江戸から紀州に帰国したが、それ以前に親や村から「義絶帳外」になっているので、本来は「帳外赦免」になっていない限り帰国を許されないはずであった。その武蔵がなぜ国元に帰国できたのであろうか。その背景には、当時「義絶帳外」によって大量の無宿が生まれ、幕藩体制をおびやかす大きな社会問題になっており、老中水野忠邦が、そうした問題の解決に向けて、忠邦なりの諸政策を遂行していたという事実があった。

これまで、無宿の増加は、追放刑の問題とセットで考察されるのが常であった（平松義郎『江戸の罪と罰』平凡社、阿部昭『江戸のアウトロー——無宿と博徒——』講談社など）。しかし実際には、追放刑の人々は、近世中期から後期にかけてそれほど増加しているわけではなく、むしろ、義絶（出奔し行方不明になった人々、および、勘当《かんどう》や久離《きゅうり》された人々）のうえ帳外れとなった人々が、近世後期に急増する。そこで、この事実に着目して、従来の通説を見直しながら、同時に、往来手形を発行してもらえず、流浪の生活を余儀なくされた無宿の実態を、できるだけ具体的に描き出してみよう。

津軽から送り出された栄助は、往来手形を携帯し村送りとなったが、死後に問い合わされた安部村では、栄助の存在自体が否定された。安部村の主張が正しければ、栄助の携帯した往来手形は偽物ということになる。無宿が偽往来手形を悪用していたのは事実なのだろうか。この問題は、当時の村々にどんな影響を与えていたのか、そうした問題にまで迫っていきたい。

元禄〜享保期の旅行難民対策

元禄令と村送り

幕府の元禄令

江戸幕府は、元禄元年（一六八八）に、東海道の宿場に次のような法令を出した（『徳川禁令考』前集第六）。この法令は全五条からなっており、最初に、貞享から元禄への改元を述べ、二条で、「生類あわれみ」の観点から、病牛馬を「生きながら捨」てることを禁止する。三条は二条をうけて、病気の旅人や参詣人を宿場から半強制的に「宿送り」すること、つまり宿場から追放することを禁止し、四条と五条は、病人を宿場にとどめておくように規定した三条をうけ、四条で、病人の宿場での世話や国元への連絡を求めると同時に、道中奉行《どうちゅうぶぎょう》への届け出を義務づけ、五条では、「病死人」の処置、つまり検死と埋葬の規定を加え、三条を補足した内容になっている。右の元禄令は、「生類あわれみ」の観点から、病牛馬や病気の旅人の遺棄《いき》を禁止することに主眼があったのだ。この時期の捨子《すてご》禁令（柴田純『日本幼児史』吉川弘文館）と同じ発想だといってもよい。だから、元禄令は捨てるという行為の否定が主眼で、旅行難民一般の保護を目的にした法令ではなかった。

だが、元禄令を出した幕府の意図がそうであったとしても、諸藩が元禄令をどう読んだかはまったく別問題で、諸藩が四条や五条にも留意した可能性は十分にある。問題は、元禄令発令前後、諸藩で旅行難民対策があったかどうか、あったとすれば、それはどういう内容で、元禄令以後、どう変化したか、こうした問題の検討が大切なのである。

幕府の元禄令以前に、旅行難民対策の指示が出ていたかどうか、この問題をまず五人組帳前書《ごにんぐみちょうまえがき》を素材に検討していこう。

元禄令以前の諸藩

五人組帳前書で旅行難民対策を指示した早い例は、寛文十一年（一六七一）の武蔵国《むさしのくに》（埼玉県）秩父《ちちぶ》郡日野沢《ひのざわ》村（忍《おし》藩領）の五人組帳である（穂積陳重『五人組法規集』有斐閣）。その一三条に次のようにある。

往来の旅人や飛脚がやってきて煩《わずら》った場合、十分に看病し出所《でどころ》を尋ね、近国の者であればすぐに連絡し、もし死去すれば、名主や組頭が立ち合い、その者が所持する道具や荷物を改め封を付け、出所へ届けるように、もし遠国かまたは出所が不明であれば、立札を立て、かの者の身許《みもと》がわかり次第、相手側の様子を聞き荷物などを渡すよ

うに、ただし役所へ油断なく御注進する事
旅人や飛脚が病気で難渋していれば看病し、また、近国の者と遠国や出所不明者に応じた対応の仕方を述べたうえで、役人への注進が規定されている。

また天領《てんりょう》（幕府領）では、天和二年（一六八二）の越後国《えちごのくに》（新潟県）三島郡《さんとう》高梨村と同四年の武蔵国多摩郡館《たて》村の五人組帳前書に、右とほぼ同文の規定が掲載されている（穂積重遠『五人組法規集　続編上』有斐閣）。

では、こうした旅行難民や病死人を対象にした規定は、いつ頃からどのような形で成立してくるのだろうか。北陸の加賀《かが》藩を例にして、この問題を考えてみよう。

加賀藩では、万治四年（一六六一）三月二十九日に、「途中で行たおれた者、または川に流れ死んだ者がある際、猥《みだり》にためし物にすることは、堅く御停止《ちょうじ》なので、その心得をし、御組中へも仰せ触れるように」と、まず行倒や溺死人の試し斬りを禁止する触が出された（『加賀藩史料』）。ついで寛文三年十一月二日に、「所で行倒て死去し、一類などが不明なものは、腰に付けた銀子《ぎんす》や着類など、今後その死人を取り置いた寺道場へ渡すように」（『加賀藩史料』）とあり、旅行難民の取り扱いに関する規定が出されている。

その後、延宝二年（一六七四）正月に、「御算用場《ごさんようば》」から「宇出津《うしつ》山奉行」に農民の心得を規定した全三九条の「御定」が出されたが、その一八条に、旅人または如何様《いかよう》の者でも、往還筋で煩った場合は介抱し、医者にみせ養生させるように、もし死去したら、これまた御郡奉行まで届け出る事

とある（『加賀藩史料』）。旅人など往還筋の病人に対して、医者の治療を加え、死去後は郡奉行に届け出ることが指示されている。一四条にも、

往還筋の旅人が不満を申し立てた場合、その所の肝煎《きもいり》などが罷《まか》り出、十村《とむら》へ届けて仲裁し、通すように、それでも解決しない場合、御郡奉行へ届け、出役より抑え置くように

とあり、往還筋旅人に関わって、紛争が生じた際の対応が指示され、この頃からさまざまな問題が発生するようになってきていた様子がうかがわれる。

また延宝七年八月に、郡奉行から触れ出された全六三条にわたる「御定書」は、奥書に「今より以後このケ条を村々へ写させ置き、毎歳《まいとし》一ヵ月に一度ずつ読み聞かせるように、肝煎・長《おとな》百姓へ申し付けるように」とあって、月に一度農民に読み聞かされたが、その三七条に、「往還筋はいうまでもなく、何《いずれ》の道筋であっても、旅人が煩い、その所に逗留する場合は、介抱し、出身国を委細に尋ね連絡するように、死去したら早速郡奉行まで届け出るように」とある。延宝二年のものと内容に大差はないが、何の道筋でもとあって、脇道での旅行難民も対象に加えられていることが注目される。

右の検討から、元禄令以前に、旅行難民や病死人への対策は、天領や諸藩ですでに開始されていたことが知られる。したがって、幕府の元禄令の意義は、旅行難民対策そのものではなく、すでに述べたように、半強制的な「宿送り」の問題にあったことがわかる。

村送り慣行

五人組帳前書で元禄期に旅行難民対策を規定した文言のあるものは、表1のとおりである。旅行難民対策が、天領や旗本領だけでなく藩領でも規定されていたことがわかる。そのうちの(1)は、「村送り」の受け渡しを次のように詳細に記している。

村送りのものが隣村より来たら、その村の庄屋年寄方よりあらかじめ届けるように、もしその届けの表《おもて》あるいは村々副書《そえがき》に引き合い相違がない場合は受け取るように、もしあらかじめ届けもなく押しかけて来た場合は、その村の庄屋年寄方へ使を出し、相違がなければその副書などに照らし合わせ受け取るように、雑物《ぞうもつ》がある場合は、その名号員数を副書と合せ、相違なければ受け取るように、もし相違があるなら受け取らず、その村と立ち合い落着してから受け取るように、ただし受け取る前より次の村へ使を出し、ただ今村送りのものが来た、その旨心得るように、当村で受け取ったら、そちらの村へ渡

領　主	出典
不明	E
旗本領	A
天領	C
旗本領	B
高遠藩	B
旗本領	B
天領	C
安中藩	D

C,『五人組帳

若林平姓宗氏」

表1　元禄期に旅行難民対策を規定した五人組帳

	成立年代	史料名	国郡名
(1)	元禄3以前	古今五人与法度諸式	上方周辺カ(筆者は大坂住)
(2)	元禄6	乗願寺村五人組帳前書	武蔵国多摩郡
(3)	元禄6	上美守郷四ケ村五人組御改百姓手形帳	越後国頸城郡
(4)	元禄7	平福領二十ケ村新田共五人組帳	播磨国佐用郡
(5)	元禄10	高遠町五人組帳前書	信濃国伊那郡
(6)	元禄11	山国中江村御法度書	丹波国桑田郡
(7)	元禄14	塩屋村五人組御仕置帳	播磨国赤穂郡
(8)	元禄15	上野尻村五人組帳	上野国碓氷郡

注：『五人組法規集』=A,『五人組法規集　続上』=B,『五人組法規集 続下』=
の研究』=D,『近世地方経済史料』五,「若林農書」=Eと略称.
「若林農書」は上巻第一に「元禄三庚午五月上弦摂州東生大坂にて序
とある.

すので、用意するようにと使を出せ、ただし受け取る節もまた次の村へ使を出し、ただ今かの村より受け取った、追っつけ渡すはずだと使を遣わすように、副書の表に子細を照らし合わせ渡すように、あるいは副書もなくその子細がない場合は、次の村へ渡すようにと申しても、当村で受け取るな、押し返すように、だから受け取っても手形を村々で取り替えるように、前後の村へ受取状と渡し状を自村より出し、また前後の村より渡し状と受取帳を一紙ずつ取り置くように、このような取り替えの手形もなく考えが不足するならば後《こう》難《なん》があろう、ただし副書がある場合は、前々の村の書き様を考えて大旨《おおむね》同前とするように、あらかた副書にはその由緒があるが、その様子は一決しがたい、渡し受け取りの事は念を

入れてするように

「村送り」の請け渡しに一定の作法があったことが知られる。

ところで、「村送り」という言葉には多様な意味があった。本書で扱うような、旅行中の病人を本人の意向を確認して国元まで送還する場合だけではない。たとえば、他村へ移住したり、結婚で村を離れたりする場合には、寺請状や村送状がもとの村から先方の村へ発送された。また、代官などが城下町から赴任地に移動する場合、代官の荷物は「村送り」で赴任地まで送られた。この場合は、代官の赴任地に最短で届くように工夫されていた。他方、領主の法令を廻状《かいじょう》にして村々に伝達する場合には、「村送り」ですべての村々に伝達されるように工夫されていた。病人の「村送り」は、右のうち代官の荷物を赴任地まで送るのと同じ方法がとられた。病人はできるだけ早く国元まで送り届ける必要があったので、送り出しの村から近くの街道へ出る最短の村々を通って街道へ出、その後は宿場を継いで送られていった。病気の旅人は、⑴の受け渡し方法で、かつ最短の道を選びながら国元まで送られていったのである。

さて、⑹の「山国中江村御法度書」に次のように記されている。

一、往還筋他領より送り者があれば、異義なく受け取り介抱し、村次《むらつぎ》で送り届けるように、もしも次の村で受け取らなければ、連れ帰り十分にいたわり置き、庄屋が一

人京都へ罷り登り、御郡代所へ御届けする事

一、旅人や願人乞食などが御領内で死去した場合、番人を付け置き早々役人方へ届けるように、三日過ぎても右の死人について尋ね人がなければ、その所の出家が立ち合い土葬にし、その廻りに垣を結い、死人の年比《としごろ》衣類の色ならびに所持の品々を板札に記し、往還の辻に立て置くように、その死人がもしも手負いの者であれば、疵《きず》口《ぐち》の箇所の大小を改め塩漬けにしておき、役人の指図を受ける事

右の二つの史料は、旅行難民の「村送り」が、すでに元禄期に藩領を越えて行われていた事実を示している。(1)が摂津国《せっつのくに》（大阪府）在住の人物によって筆写され、(6)が丹波国《たんばのくに》（京都府）の史料であることから、寺社参詣などの旅人が多かった上方《かみがた》地域では、少なくとも元禄初年には、「村送り」が慣行として成立していたことが確認できる。ただし、こうした慣行がいつ頃成立するかは、現在のところ不明である。

元禄令と加賀藩

幕府の元禄令は地域にどのような影響を与えたのだろうか。そうした事情が比較的よくわかる加賀《かが》藩を取りあげ検討してみよう。

加賀藩の対応

加賀藩では、元禄三年（一六九〇）六月二十六日に、「宿方《しゆくかた》は申すに及ばず、在々の領内に何者にても病人がある」時、これまでどおり介抱すべきことが申し渡され、同年七月十三日には、次の長文の「覚」が出された（『公用集』富山県図書協会）。

一、以前からの指示に従い、往還道筋の義はいうまでもなく、何《いず》れの道筋であっても、または在々所々を歩く者に限らず、他国他領の旅人が煩《わずら》った場合、その近所の家の内へ入れ置き、食い物を給《たべ》させ出身国を尋ね、心入れのよき者をつけて十分に介抱し、納得できないことがあれば、早速近在の肝煎《きもいり》も呼び寄せ、病気の程度を考え、

医師を早速やとい養生させるように、このとおりに心得、即刻十村へ連絡するように、十村より指図があるはずである

一、右他国旅人のことは、以前の指示どおり大事なことなので、煩いまたは病死などになった場合、御郡奉行が御越しになり御検分される、それで即刻十村より御注進することになっている、万一病死し、時により腐《くさ》りなどする様子であれば、十村の心得で塩詰などにすべき場合もあるので、油断なく届け出る事

一、右のような煩い人はいうまでもないが、身の内に疵《きず》の痛みなどがあるか検分し、その様子を尋ね、どのような者があやまちをしたか、申す者があれば、これまたその村へ早速人を遣わし聞き届けるように、もちろん十村も吟味するはずなので、念を入れる事

一、右の煩い人の病状が軽く、少々の事ですぐに本服すれば、出身国へ遣わすべきである、そうであれば御郡奉行へ連絡し御指図を受けるはずなので、これまた肝煎や村中の心まかせにしてはならない事

一、御国の者に右の事態があれば、これまた他国者同事に心得る事

右のとおり村々の人々が承知し、領の内はいうまでもなく、余村の領に左様の者がいた場合、見のがしにせず、即刻その村の肝煎や見付人の肝煎へも報告するように、

惣《そう》じて人の心あわれみ、肝煎や村中が同心の心得であれば、諸事よろしく埒明《らちあ》けると心得るように、それにつき村により組合頭《がしら》の内このようなことに限らず悪人に生まれつき、かげへ廻って小百姓に諸事そこそこにせよ、などという者があるようだ、常々心をつけ注意するように、右の旨を承知したとの請書《うけしょ》に判を押すように

右の「覚」は、旅行難民の介抱を従来どおり説いたものだが、さまざまな現実的問題に対応した処置を詳しく規定したところに新味がある。また、本文中に「あわれみ」の言葉がみえ、元禄令を意識していることがうかがえる。さらにまた、この史料のあとに、「組下肝煎組合頭百姓頭振《あたまふり》家持」の請書（文書の内容を了承し、その履行を誓った文書）が載せられていることから、地域住民の請書が取られていたこともわかる。

「宿送り」の問題

右の「覚」では、旅行難民対策の規定のみで、「宿送り」の問題は言及されていない。この問題は、この時期、別に規定されてくる。算用場の山村市十郎から郡奉行衆へ宛てた元禄三年（一六九〇）九月二日付用状《ようじょう》に次のように記されている（『公用集』）。

藩主の前田綱紀《まえだつなのり》が江戸城に登城した際、道中奉行の高木守勝《たかぎもりかつ》から次のように申し付けられた。加賀藩領の「上下《かみしも》」口、つまり、東と西から「送り者」があった場合、すぐに受け取らせるように。もし先方の宿場で受け取らないといったら、とやかく詮議せずすぐに連

れ戻し、そのあとで交渉せよ。たとえ症状の重い者でも、加賀藩では受け取って介抱するように、とのことであった。そこで加賀藩では、宿場で病人をしっかり介抱させることにする。この趣旨を小松《こまつ》衆の相役にも伝えよというものであった。

右の趣旨は、九月四日に郡奉行に伝えられ、九月十六日には村々の農民から請書が提出されている。さらに、九月二十四日付の郡奉行へ宛てた用状には次のようにある（『公用集』）。これまでは、「上下宿」から送られてきた者が自分で「宿送り」を願った場合、そのまま末々へ送り出してきたが、今後は、いったん受け取り置き、看病して、その旨を算用場に報告すべきだというのである。つまり、九月二日付の用状をもう一歩ふみ込んだ内容になっている。同年九月二十六日付の算用場から郡奉行へ宛てた用状も、ほぼ同じ内容をくり返している（『公用集』）。

右の史料から、先に述べた旅行難民対策と並行して、「宿送り」の問題もまた焦眉の課題になっていたことが知られるのである。

だが、現実に「宿送り」が問題なく機能するためには、さまざまな障害があった。次の元禄五年四月六日付、算用場達書《たつしがき》はその一つの例を示している（『公用集』）。

他国他領の者が御領分を宿送りされる場合がある、夜中でも面倒を早くすませるため、何時によらず末々へ送り出すことがある、そうであれば老人などは迷惑なことである、そうでなくても夜中では受取人も難義なので、急いで送る必要がある場合は除き、そうでない場合は、夜が明けてから送り出し、それまではその地に差し置くように「夜中」の送り出しが問題だったことがわかる。当時の宿送りが、厄介者を半強制的に追放する行為であった様子を示しており、そうした行為の是正が必要だったのである。

また、右の達書の同年四月十四日付請書に、「万一送り人が来て、送り切手を改め、慥《たし》かでない場合があれば、止めおいて報告するように」とあるように、病人を最初に送り出した宿役人なり村役人が認めた「送り切手」であっても、必ずしも信用できない場合があった。宿送りを混乱なく機能させていくためには、右のような問題点を一つ一つ解決していく必要があったのだ。

さらにまた、旅行難民の介抱にしても、元禄六年六月六日付、郡奉行廻状にみえる、次のような場合を想定しなければならなかった（『加賀藩史料』）。往還筋の病人で、一宿の滞留が必要になった際、病人に「医者を呼びましょうか」と尋ねた場合、「かえって馳走（世話）を受けることを難儀」に思い、「斟酌（遠慮）する者」が多い。そのうちに病気が重くなり、かえって面倒になることがあるので、十分心得ておくように、というのである。

駕籠や足軽を活用

こうした問題点のなかでもっとも重要なのが他藩領に関わった「宿送り」であった。加賀藩の西側に位置した越前《えちぜん》藩と、東側に位置した高田《たかだ》藩が、この段階でともに宿送り人の受け取りを拒否していたため、加賀藩をこの後悩ませることになった。しかしこの問題は、最終的に次のようにして解決された。

加賀藩の旅行難民対策は、宝永六年（一七〇九）八月十六日付の算用場裁許状で確定した（『加賀藩史料』）。全一二条からなるが、そのうちの二ヵ条は、次のとおりである。

一、御領国の内で煩った他国者は、その所に差し置き養生させ、その所の支配御郡奉

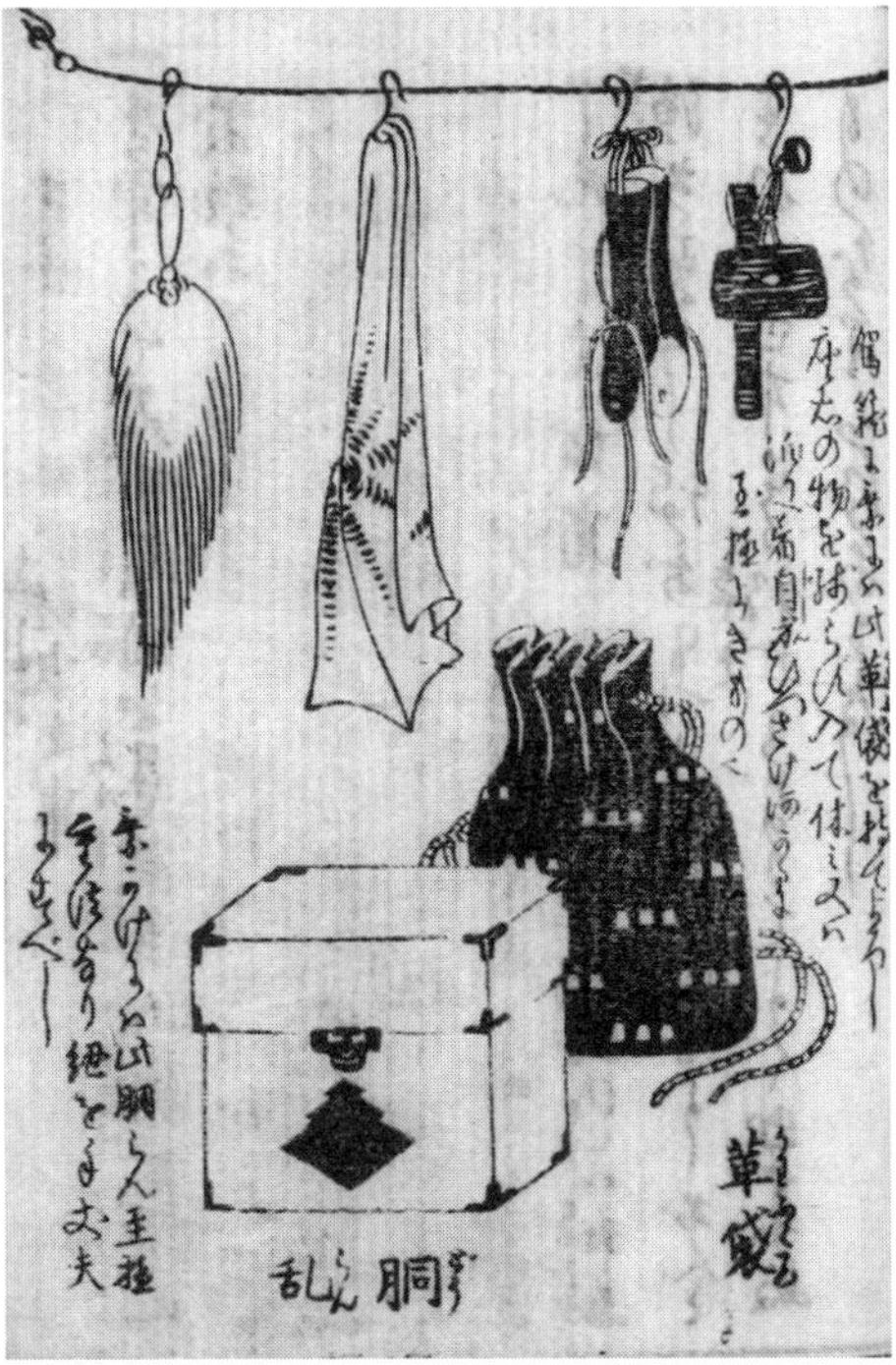

図３　旅行の所持品（『旅行用心集』）

行より国元へ飛脚で連絡し、迎えの者を呼び寄せて渡し置くように、迎えの者が来ない内に快気を得、本国へ帰りたく願った場合、病気の様子により足軽などを差し添え送り出せ、迎えの者が来ない内に病死した場合、その段を重ねて国元へ飛脚で連絡するように、あるいは気分がよくなり、本国へ帰りたく願う者があれば、馬・駕籠《かご》の内で望み次第に乗せて送り出すように、ただしこの場合は病気の様子により、見計らい了簡するように、然《しか》しながら足などに痛みがあり、気分は問題がない者は、国元まで馬銀を与え、足軽などを差し添える必要はない

一、重き病人であっても、本国へすぐに帰りたい旨を強いて願う場合は、駕籠に乗せ、足軽を差し添えて送り出すように

右のように、加賀藩の東西に位置していた高田藩と越前藩が、ともに宿送り人の受け取りを拒否していたため、加賀藩は、歩行できない旅人に対して、本人が希望すれば、馬や駕籠を使い、足軽を差し添え、「宿送り」を続けていたことがわかるのである。

元禄令と諸藩の対応

紀州藩の対応

紀州《きしゅう》藩は、幕府の元禄令に対して、どのような対応をとっていたのだろうか。まず、この問題から考えてみよう。

『田辺町大帳《たなべちょうだいちょう》』（清文堂出版）には、元禄二年（一六八九）の条に、「五月二十七日、高《たか》木《ぎ》伊勢守様（守勝《もりかつ》）より参った旅人病人の御書付を触れるようにと仰せ付けられ、町々へ申し渡した御触状は別帳にあり」とみえ、そのあと次の「御書付」を掲載している。

一、道中で拙者支配の所々では、病人があっても一円送り申さず、どの国の旅人でも煩《わずら》った場合は、その所で養生を遂げ、病人が快気し、独り旅行ができる程になれば、病人方より証文を取り置き、病人の心次第に所を発足させ、その節人をつけて送らすことはしない

一、病人があれば随分と養育し、五日十日の内は見合い、それを過ぎたら旅人の国《くに》所《ところ》・諸親類を聞いて書き付け、その所より宿継ぎで拙者方へ申し越し、病人の在所の地頭あるいは支配方へ届け、その親類に病人を迎えに来させ、病気の軽重によって引き取るように、ただ今までしてきた

右のとおり拙者の支配所でこれまで申し付けてきた、ただし以前は病人があれば宿送りしてきたが、以前送り者があった時、紛《まぎら》わ敷《し》き義があったため、透《す》きと送らせ申さず、御家中御内意の御書付を見て、右のとおりに拙者支配所へ申し付けている大法を、御心得のため書き付け進上する、以上

巳五月十一日　　高木伊勢守

右のとおり和歌山で御奉行所より御屋敷（安藤氏）へ参った由、同月二十六日に参る、則《すなわ》ち二十七日に申し渡した

当時大目付《おおめつけ》で道中奉行《どうちゅうぶぎょう》を兼任していた高木守勝は、紀州藩からの問い合わせに対して、従来は「病人」を「宿送り」にしてきたが、「紛わ敷き義」、つまり、元禄令が禁止した半強制的な遺棄と紛らわしい事例があったため、その後は「透きと送らせ申さず」と、いっさい「宿送り」をしていない旨を返答したのである。半強制的な遺棄と紛らわしい事例とは次のようなものであろう。元禄六年十一月六日、播磨国《はりまのくに》（兵庫県）龍野町で、「つれに

はずれ」た「因幡《いなば》の者」を、町から村継ぎで送り出したところ、翌日行倒《ゆきだおれ》、「半死の体《てい》」で発見され、結局死去した。そして九日に、町奉行所から、「今後左様の行衛《ゆくえ》知れざる者があった場合、送り出し申さず、どこそこへ報告し、その節の事情により対応するように」と仰せ出され、「五ヵ町残らず」に触れ出された（「龍野総町会所記録」『日本都市生活史料集成四　城下町篇Ⅱ』）。高木守勝は、地域でのこうした事例をふまえたのであろう。

紀州藩では、右の「御書付」に従い、同年六月二十二日に、次のような措置を決定した（『南紀徳川史』）。

一、病気の他国旅人が送られてきた場合、受け取って養生させ、送り戻しはしない、ただし、病人の親類の名を確認し、送ってきた者から何国の旅人を送ってきたかの証文を取っておくように、国元が不明の場合も、その旨の証文を取っておくこと

一、送ってきた者に、次のように申し聞かすように、紀州藩では、すべて旅人は宿送りにしない方針だが、送られてきた場合は受け取り、こちらで養生させ、在所に帰すことにしている、在所が不明な場合は、こちらで養生させ、病状が悪い場合は、その旨を御役所へ届けることになっている、このように相手に伝え、相手が病人をこちらに渡さず、連れ帰るという場合は、こちらは受け取らないという訳ではない、そちらで渡さず連れ帰るというのであれば、そちらの心次第であると述べ、その旨

を証文にして取っておくように、証文を書かないという場合は、相手の名前を確認し、その旨を記し置くこと

紀州藩は、高木守勝が幕府の元禄令に抵触することを恐れて、病人をいっさい送らないと回答したのをうけ、今後、すべて旅人は宿送りにしない方針を決定したのである。この方針がその後も守られ続けたことは、次の事例から確認できる。

鶴岡から紀州へ

元文六年（一七四一）四月、奥熊野《おくくまの》大泊村の忠右衛門は、病気のため「あんだ（四ページの「行駄」に同じ）に乗」り、出羽国《でわのくに》（山形県）鶴岡《つるおか》から「宿送り」されて紀州に到着し、「名草郡山口町」（山口番所のこと）からさらに紀州藩領を村送りで在所まで送られた。この出来事に対して、六月になって伝馬《てんま》庄屋が藩役所から吟味を受けた。田辺町伝馬庄屋七郎右衛門は、吟味の過程で次のような弁明をしている。

右の奥熊野大泊村忠右衛門いう者は、病人で去る四月十五日暮れ方、南部《みなべ》伝馬所より送られて来、同夜当所で一宿した、ただし国々所々の送り書を添え、なおまた御国の内も新内庄屋藤八の送り状を持ち、内原村伝馬所清吉宛に送り出され、それより順々に送り状を添えて送られて来たので、田辺伝馬所でもそのとおりに送り状を渡し、翌十六日に上三栖《みす》村伝馬所へ送り出した

忠右衛門が、国々所々の送り書や、新内庄屋藤八の内原村伝馬所清吉宛の送り状を所持していたため、先行のとおり上三栖村伝馬所へ送ったと主張したのである。右の記事から、この頃には、出羽国から紀州にいたる「宿送り」が可能になっていたことがわかる。七郎右衛門の弁明にもかかわらず、「すべて旅人は宿送りにしない方針」を理由に却下され、結局七郎右衛門は、「うかつにも村送りにした段、不調法千万申し上げようもありません」との「口上」を提出し、処罰を受けることになった。右の事例は、紀州藩が元禄二年に病人の「宿送り」を禁止してから約半世紀たち、その趣意が不徹底になった時点で、もう一度元禄二年の法令の徹底をはかったものと位置づけることができる。

紀州藩が旅人の「宿送り」を禁止したのに対して、加賀藩は元禄令以後も「宿送り」を継続していた。こうした相違はなぜ生じたのだろうか。次にこの点を考えてみる。

すでに引用した加賀藩算用場の山村市十郎から郡奉行衆へ宛てた元禄三年九月二日付用状で、高木守勝は加賀藩に、「上下《かみしも》」口から「送り者」があれば、とりあえずすぐに受け取り、先の宿場で受け取らない場合は、まずは連れ戻し、あとで交渉するように申し付けていた。右の申し付けから、高木守勝が加賀藩に対して、元禄令の趣旨にそって、半強制的な遺棄をせず、病人の介抱に努めるべきことを要請していたことがわかる。しかし、この申し付けには、守勝が紀州藩に対して、「道中で拙者支配の所々では、病人があっても一円送り申さず」と回答した趣旨の箇所は見あたらない。加賀藩に対する指示は、紀州藩に回答した「御書付」の翌年のことであり、守勝が「宿送り」を否定していたのであれば、当然加賀藩に対しても「宿送り」を慎むように申し付けていたはずであり、加賀藩がこの部分を無視して「宿送り」を継続したことになる。はたして真相はどうなのであろうか。岡山藩を取りあげてさらに考察していこう。

岡山藩の対応

岡山藩は、幕府の元禄令が出る二ヵ月前の元禄元年（一六八八）七月に次のような法令を出している（『藩法集　岡山藩上』創文社）。

他国より送り者が参れば、その者の在所落ち着き先を確認したうえで受け取るように、もし煩っている場合はその村に留め置き看病し、早々病人の在所へ連絡し、人を呼び寄せ見せたうえで送り出すように、ただしその時に御郡奉行中まで伺い出るように

元禄令以前、他国よりの送り者にどう対処するかがすでに問題になっていたことがわかる。

その後、元禄令が出たあと、元禄三年正月に、郡方から次のような伺書《うかがいがき》が出された。前半で元禄令の趣旨を述べたあと、後半で、「少し足など痛み、駕籠《かご》にてなりとも送ってくれるように申す」旅人があった場合、「自分に歩き戻りもできないうちは、兎角《とかく》送り申さず、村に差し置いて、在所がわかり次第、その国々へ付け届けさせるべきか」と伺って

いる。「村々名主共」に対応を徹底させるために必要だったからである。そして、伺いのとおり「御評定」で決定されている（『藩法集　岡山藩下』）。「御評定」での決定は高木守勝の意向と一致していたことがわかる。なお、幕府の大目付（道中奉行兼帯）神尾元晴が発令した「東海道御条目」（元禄八年九月十三日付）では、「当分少しの病気たりという共、養生いたし遣わすように、宿送りなどに決してしてはならない」（『藩法集　岡山藩下』）、と述べられている。神尾元晴も高木守勝の方針を引きついでいたのである。

だが、宝永三年（一七〇六）に岡山藩大坂留守居役谷田弥三郎から「小仕置」宛に次の内容の用状が出された。大坂玉手町の庄左衛門という人物が筑前《ちくぜん》へ下り、途中病気のため「青駄《あおだ》（前出「行駄」に同じ）にのせ、宿送り」で帰国中、岡山藩領備中《びっちゅう》国西郡村で死去した。そのため、郡奉行から谷田へ連絡が入り、谷田が詮議して身許を確認し、大坂町奉行所へ「口上書」を持参して解決したことを述べ、今後、こうした事例があった場合の対応策を三ヵ条にわたって記したあと、次のように献策した。

一、西国方より送られてきた病人は、できれば存命のうちに他領へ送るよう仰せ付けられることはできないだろうか、他国の模様を聞き合せたところ、ずいぶん早く他領へ送り届けているように聞いている、御慈悲から御領内に止宿を仰せ付けられても、万一その者が公儀の御法度を背いた者か、または何か差し障りのある者であれ

ば、御慈悲がかえって御為に悪い場合があるかと、憚《はばか》りながら存じあげる

一、四国辺では、宿送り病人を受け取らない御家もあるように聞いている、万一播州で前々より宿送り病人を受け取らないところがあれば、その趣を私方へ仰せ下されたい、こちらで様子を聞いてみたい

西国方より送られてきた病人の対応策をめぐって自説を述べ、他国では、すぐさま他領へ送り届け、四国では、宿送り病人を受け取らない御家もあると述べ、将軍綱吉がまだ生きているにもかかわらず、「存命の内に他領へ送る」とか、「宿送り病人」を受け取らないようにと要望している。右の献策の結果は現在のところ不明である。しかし、山陽道筋や四国では、少なくとも現実に「宿送り」が行われ、他方で「宿送り病人」の受け取り拒否も行われていたのである。

姫路藩領の事例

右の事情は、正徳四年（一七一四）十一月に、幕領の青山村（姫路市）の村役人が代官宛に出した嘆願書（『姫路市史』）からわかる。嘆願書は次のように述べている。

元禄二年に、青山村の東にある姫路藩領の下手野村から西国海道筋下々より、病人送り者などを道中昼夜にわたって送ってきて難儀しているから、今後はその所で介抱し、送り者を受け取らない由、上方筋から申し越してきた、それで姫路領でも今後送り者

を受け取らず、もちろん東より西へ送り遣わさないように、この趣旨を段々申し通すよう申し越してきた、そのため青山村から西の山田村へ申し通し、以来送り者を一人も通路させていない、ところが、今度下手野村の庄屋が、この頃上方筋より段々と送り者が来ている、それでも、青山村は前々のとおり取りやりしないのか、幕府の御代官様へ御伺《おうかが》いのうえ、その返答を下手野村庄屋に知らせるように、姫路御役人衆から頼まれた由である、そこで御伺いする、これまで当村では、往来筋で病人があれば、村中で介抱し、回復後通行させ、死去の場合は、御代官所に御注進してきた、今後、御私領方より万一送り者を取りやりするようになれば、小村で迷惑である、病人が死去の場合は特に難儀なので、前々のとおり仰せ付けられたい

山陽道のこの地域では、元禄二年（一六八九）以後、岡山藩と同様に病人の取りやりはしていなかったが、二五年後の正徳四年になって、上方筋から段々と送り者が来る事態になった。姫路藩領ではこの事態に対して、幕領の青山村から代官の意向を伺い、知らせてくれるように依頼している。青山村は代官に前々のとおりを嘆願している。結果がどうなったかは不明だが、病人を送る行為が増加していたことがわかる。宝永三年の谷田の献策は、正徳四年以前に、すでに西国筋で送り者の取りやりがかなり一般化していたことを物語っているのである。

幕府の中途半端な対応

以上の検討から、元禄令に絶えずつきまとう「紛わ敷き義」、つまり、半強制的か本人の意志かの判断が難しい事態に対して、紀州藩や岡山藩は、「宿送り」にしないことで対応し、加賀藩は十分な援助体制を組むことで、本人の意向を尊重した対応をとり、また西国諸藩は、存命中にすぐさま他領へ送ったり、病人の受け取りそのものを拒否したりといった対応をとっていたことがわかる。高木守勝の「一円送り申さず」といった対応が、すべての地域で実施されていたわけではなかったのだ。したがって、旅行難民対策は、幕府の元禄令を契機に一つの方向性が決定したわけではなく、諸藩がそれぞれ異なった対応をとっていたといってよいのである。

ところで、享保二十一年（一七三六）三月に出された幕府の「郷村捉書」に次のようにみえる（『徳川時代警察沿革史　下巻』国書刊行会）。

一、他領境の村々で乞食非人そのほか病人などが送られてきた節は、送り出した村方役人の添状がなければ、その段を断《ことわ》り送り出した村へ送り戻す事

「宿送り」がかなり広範に行われているという現実のなかで、高木守勝の「一円送り申さず」といった対応は完全には実行できず、各藩の意向に任せることになった。しかし、元禄令の基本原則である半強制的遺棄は守る必要があった。そこで、送り出しには「村方役人の添状」が必要だとされ、添状がない場合、送り出した村へ送り戻すようにさせたの

である。だが、加賀藩の事例ですでに述べたように、「送り切手」であっても必ずしも信用できない場合があった。そのため、こうした幕府の中途半端な対応は、その後にさまざまな問題を生むことになったのである。この問題はあとでもう一度考えてみる。

明和令成立の背景

三奉行の裁定

元禄令が、病牛馬の遺棄とならんで、病人の半強制的な「宿送り」を禁止したことは、この時期には、病人の半強制的な遺棄が一つの社会問題化し、それへの対応が必要になっていたことを物語っている。享保十八年（一七三三）と同二十年の享保令は、この件に特に言及していないが、明和四年（一七六七）の法令では、病人に療養を加えず、宿継ぎ村継ぎなどで送り出したことが露顕した場合、「急度《きつと》御仕置に申し付くべし」と、新たに罰則規定が加えられている。明和令でのこうした改正は、どういう事態の変化を反映していたのだろうか。

寛保二年（一七四二）に次のような事件がおこっている（『徳川禁令考』）。

寛保二戌《いぬ》年十一月、南部修理大夫《しゆりだいぶ》城下下長町の作平という者が、江戸より在所へ戻る

> 途中、奥州道中の氏家宿《うじいえしゅく》旅籠屋《はたごや》藤左衛門方に泊っていた時、煩《わずら》い出し、三日滞留した、だが、医師へも見せず、そのうえ本服もしないため、そのまま逗留したき由を申した、しかし、送り出され、喜連川宿《きつれがわしゅく》の町はずれに臥せっているところを、かの宿より訴え出、吟味のうえ紛れなく、不届《ふとどき》なので、藤左衛門は所払い、かつ問屋年寄は、右作平が藤左衛門方に逗留していることをまったく知らなかった、それは日々の泊り改めもしていなかったからで、特に作平が問屋場へ参り、病気なので、宿を借りたいと頼んだのに、次の宿へ参るように指図した由、早速役人へも申し聞かし、養生させるべきであった、つまるところ平日の申し合わせが粗雑なためで、役儀を勤める甲斐もなく、不届なので、問屋六右衛門は役儀取り放ち、年寄五右衛門は過料五貫文

この事件では、病人作平に治療も加えず、強制的に宿場を追い立てた旅籠屋と、その行為を止めなかった問屋・年寄が処罰されている。

この事件の二年後、延享元年（一七四四）三月に、大岡越前守《おおおかえちぜんのかみ》（忠相《ただすけ》、寺社奉行）、石河《いしこ》土佐守《とさのかみ》（政朝《まさとも》、町奉行）、水野対馬守《みずのつしまのかみ》（忠伸《ただのぶ》、勘定奉行）から、「煩った旅人を宿送りにした咎《とが》の事」に関して、先の事件をふまえて、旅籠屋、問屋、年寄の咎を先例のとおりに定めること、および、脇道で問屋がない場合は、名主の役儀を取りあげることが伺い出され、老中から「伺いのとおり御下知」が下された。『徳川禁令考』では、明和令がその「類

例」としてあげられ、表題に「病気の旅人村継ぎの儀　幷《ならびに》　行倒者取り計らいの儀御触書」と記されている。以上の経緯から、明和令が延享元年の決定と深く関わっていたことは明らかであろう。

明和令の成立

病気の旅人を村継ぎで送ることは、上方《かみがた》など各地ですでに慣行として行われていたが、幕府でも、延享元年には、その違反者に対して罰則規定が定められた。諸藩でも、たとえば尾張藩は、宝暦四年（一七五四）四月に、次のような「覚」を出している（『新編一宮市史　資料編七』）。

在々を順行する六十六部《ろくじゆうろくぶ》（全国六六ヵ所の霊場に六六部の法華経を納めに回る僧）の者、または伊勢へぬけ参りの者、そのほか何者によらず一人旅の者は、もし在々で煩うか、または気力は達者でも足が痛み歩行が難しい者が、村々の地内で見かけられた場合、早速所の者や庄屋組頭が出逢い、随分いたわり、右の病人を村方の人家へ入れ、医師にみせ、薬を服用させ、その者の国所姓名などを委細に尋ね、早々その段を御蔵入りはその御代官、給知は郡奉行へ注進し、指図を受ける事（中略）右の趣を守るべし、万一右のような病人があった際、その村の世話を厭《いと》い、右病人を他村へ送り遣わすか、または粗雑ないたわり方があれば、吟味のうえその所の庄屋組頭の越度《おつど》とするので、その旨を承知し守るように旅行難民に対して、その村での世話を嫌い、病人を他村へ送り出すか、または粗雑なたわり方があれば、村役人を処罰するという。旅行難民の半強制的遺棄が宿場だけでなく、村々でも禁止されていたことがわかる。かくして、幕府の明和令は、旅行難民の半強制的遺棄を禁止する政策の一つの帰結として成立したことが知られる。幕府のこうした対応が、さらに各地でのいっそう細やかな対応を促していったのである。

パスポート体制へ

従来の旅行難民に関する研究は、ほとんどが幕府の元禄令、享保令、明和令を順々に並べてこと足りるとしていたが、幕令のみで議論することの危うさが理解していただけたかと思う。幕令は、地域での現実的対応をふまえながら、同時に、幕府のそれぞれの時点での政治的課題を念頭において発令されていたといえるからである。

しかし同時に、幕令が発令されることで、それが大枠として一定の機能を果たし、地域でのより具体的な対応を促していったことにも注意しておきたい。元禄令をうけた加賀藩の対応は、そうした事情をよく物語っている。加賀藩では、幕府に先立って、比較的早い段階に旅行難民対策がはじまり、元禄令を契機に宿継ぎ村継ぎ体制が整備されていたからである。他方、紀州藩や岡山藩は、幕府の道中奉行の指示に従い、病人の「宿送り」をしない方向で対応をはかった。しかし、西国では、次第に「宿送り」が一般化しつつあった。

また、十八世紀半ば頃には、参詣人などが往来手形を携帯して旅立つようになっていた。こうした背景のなかで、明和令が出され、宿継ぎ村継ぎ規定と往来手形携帯規定とが結合され、パスポート体制が成立するのである。

だが、旅行難民対策は、地域の互助体制なくしては円滑な運営を期待しえないことに注意する必要がある。人々の多くが、他国に旅立つことがなお稀《まれ》な段階では、人々が他者を排除することはあっても、他者の救済に自主的に向かうことは少なかったと思われるからである。元禄令は、そうした人々の意識を啓蒙する役割を果したともいえよう。

右のような段階をへて、十八世紀半ば以降に旅が盛行するなかで、他国へ出立する人々が量的に拡大してくると、当然旅中で不測の事態に直面する人々も増加してくる。その結果、宿継ぎ村継ぎのような互助体制の必要性が認識され、人々にとって自分たちに関わりのあることと意識されるようになる。明和令以降、旅行難民救済システムがある程度有効な機能を発揮しえたのは、こうした領主と民衆両者の働きかけがあったのだろう。

十九世紀になって、旅の盛行がピークを迎えると、旅行難民も急増し、街道に沿った村々の負担が増加して、さまざまな問題が新たに生起してくる。そうした事態は、また別の対策を必要とし、より有効な手立てが模索されていく。往来手形携帯を前提にしたパスポート体制が、具体的に地域でどのように機能していたか、章を改めて考えていこう。

パスポート体制の成立

旅行難民救済の実態

近世の旅人は、旅の途中でさまざまな困難に遭遇した。ここではまず、旅人の困難時における実態をいくつか紹介し、あわせてそうした旅行難民に対して、地域住民がどのようなケアで対応したかをみていこう。

若狭国からの旅人

元禄三年（一六九〇）六月晦日、若狭国《わかさのくに》（福井県）金山村から参詣に来ていた老女二人のうちの一人次郎助女房が、熊野那智《くまのなち》大社で病気になり、中辺路《なかへち》を通って田辺《たなべ》に向かう途中、「高原坂」で落馬したため、高原村で駕籠《かご》を雇い、田辺まで送られてきた。田辺の町方では、老女二人からその旨の「口上書」をとり、すぐさま田辺の御奉行堀瀬兵衛へ上申し、「医者をつけ養生」させよとの命により、順礼の旅籠《はたご》町である下長町の与兵衛隠居所に滞留させ、医師木村又玄《ゆうげん》に治療させた。しか

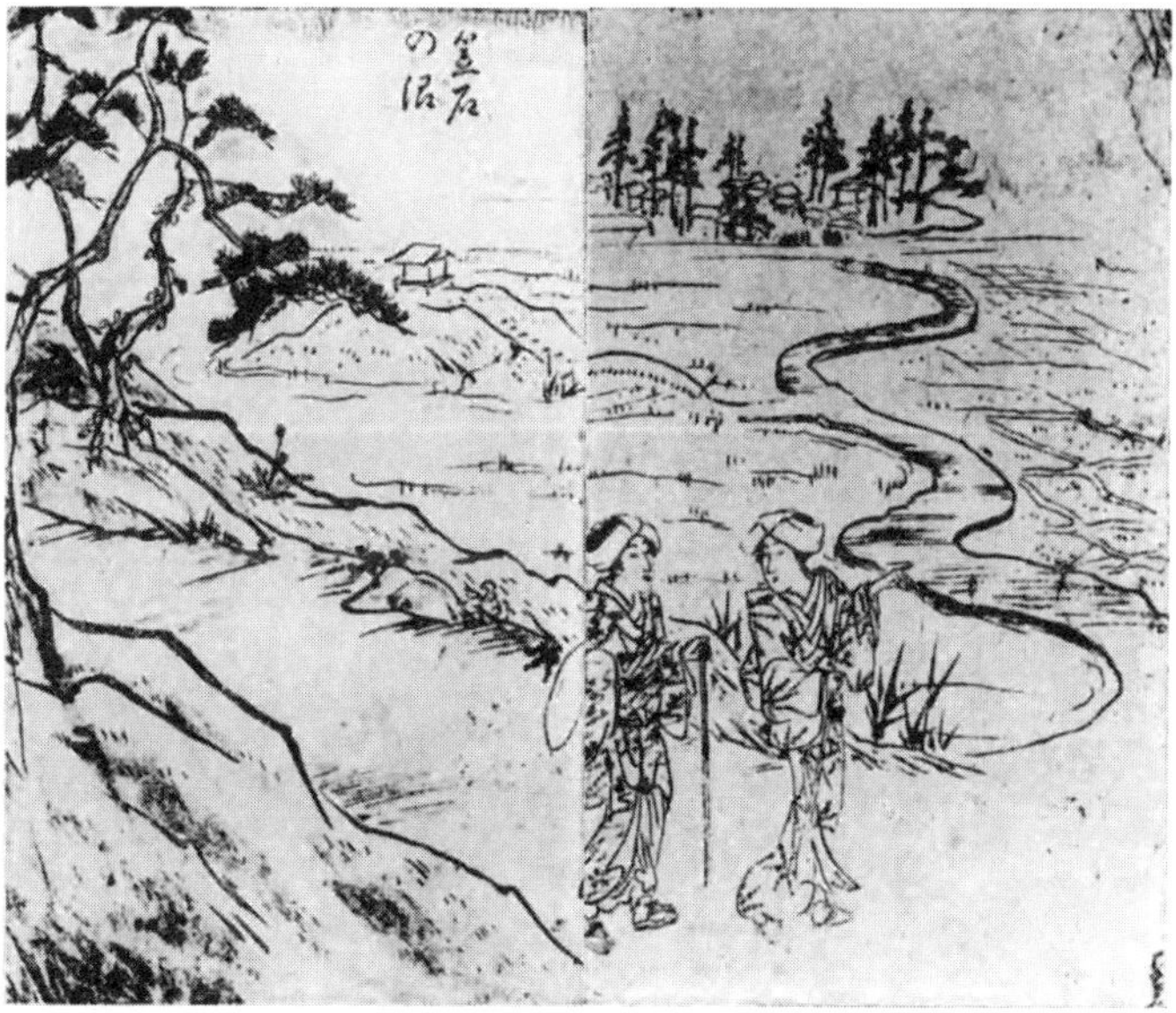

図４　女の旅姿（『山田音羽子とお国替絵巻』）

し、次郎助女房は、大病かつ老女のため、治療の甲斐なく七月二日未明に死去した。このあと、歩行《かち》目付《めつけ》、小頭、下目付《したためつけ》、および田辺城下の大年寄《おおどしより》が死骸検分を行い、同行の与三郎女房と宿与兵衛から「口書《くちがき》」をとり、着類などを改めて、翌三日湊福寺に土葬した。そして、四日には、与三郎女房が一人、銭三〇〇文のわらじ銭を領主から与えられ国元へ出立した（『田辺町大帳』）。

病人が田辺に到着後、スムーズな対応がとられていることから、こうした場合の対応策がすでに成立していたことがわかる。右のような対応策は、その後も細部に若干の変更があるものの、大筋では変化することなく幕末まで続いている。田辺では、医者の加療は、史料を見る限りで、天和元年（一六八一）から行われていた。

同年八月には、次郎助女房の子久右衛門が田辺へ御礼に来ている。久右衛門は、同行《どうぎょう》の与三郎女房から事情を聞き、御礼かたがた田辺に参上し、世話になった町内へ礼を述べ、墓所に「石塔を立て、月盃を上げ」て、母親の供養を行なっている。また、領主はこの間の事情を町年寄に書付で上申させているのである。

旅人の時間感覚　右の事例は、遭難した旅人が田辺から比較的近距離の若狭国の住人だったため、息子が直接田辺まで出向き、御礼と母親の供養に参上したのであろう。遠距離の場合は、おおむね手紙での御礼が一般的であった。しかし、後日になってわざわざ御礼のため田辺に立ち寄る場合もみられた。

同月二十六日、本町三郎太夫所に、奥州岩城《いわき》泉村の順礼同行九人のうち、左藤清八という者が煩い、目良《めら》新斎の治療で快気を得て、同二十八日に出立した、口上書を書かせ取り置いた

右の記事（『田辺町大帳』）は、元禄二年（一六八九）六月、陸奥国《むつのくに》（福島県）菊田郡泉村の順礼が、病気のため田辺で加療し、快気出立したことを述べており、その三年後の元禄

五年の記事に、

六月二十四日、奥州留田（菊カ）郡泉村佐藤伝吉・同伝七は、四年以前に下長町万兵衛所で煩った平八という者の兄弟で、御礼に参上した由申し来たった

とあり、さらに享保元年（一七一六）六月の記事にも、

同二十六日、奥州岩城泉村佐藤勘兵衛という者が、当五月二十三日に国元を出立して当地へ参着、右は二十八年以前に煩った清八の甥《おい》の由、その節の御礼を申し上げるために参ったという

とある。二つめの史料は名前に混乱がみられるが、同一人物と考えてよいだろう。他国で世話になったことが、家族や親類中に長く語りつがれ、三〇年近くへた後に、御礼のためわざわざ田辺に立ち寄ったことがわかる。右の事例が例外でないことを示すために、もう一つ近世後期の例をあげておこう。

天保三年（一八三二）四月、常陸国《ひたちのくに》（茨城県）筑波郡市野深村利兵衛は、田辺領芝村で病気のため歩行困難になった。そのため、村送りを願い出て許され、国元まで村送りとなり、西ノ谷村から次村へ送り出す途中、病気が重くなり、西ノ谷村で病気治療の甲斐なく死去した。利兵衛は、文政十一年（一八二八）に諸国神社仏閣拝礼に旅立っており、その「道中の労《つかれ》で」病死したとされている。西ノ谷村では、利兵衛の死後、すぐさま領主へ報

告し、禅宗の法輪寺に引導を頼み、同村墓所に仮に埋葬し、同人親類中に本葬の営みを求めて、利兵衛の在所村役人中に書状を送った。その後六月二十日に、市野深村庄屋の礼状を携えて、利兵衛の親類両名が西ノ谷村に来村、世話になった御礼と仮葬した万福寺墓所での法事を行い、七月二十九日に国元へ出立した（『田辺万代記』）。

さて、それから二十数年をへた安政三年（一八五六）二月七日の記事に次のようにみえる（『田辺御用留』）。

去る天保三年辰《たつ》四月、西ノ谷村で病死した常州筑波郡谷原領市野深村利兵衛追善のため、同人親類同所四兵衛・庄右衛門・久蔵・利兵衛、右四人の者が、万福寺墓所へ参詣したい由で、夜前に庄屋寺嶋嘉兵衛所へ罷《まか》り越したので、しばらく滞留させたい段を届け出た

利兵衛の親類四人が、利兵衛追善のため、二十数年後に墓所へ参詣に来たことがわかる。四人は、伊勢参宮などの参詣の旅に出、その途中田辺に立ち寄ったのであろう。そうであるにしても、当時の人々の時間感覚の長さには驚かされるのである。

長崎の女性みつ

長崎諏訪《すわ》町へ出店していた、肥前国《ひぜんのくに》高瀬郡茂木村の佐平（四三歳）・みつ（三二歳）夫婦の場合をみていこう。両人は、宝暦十二年（一七六二）二月十五日に、十月までの有効期限がついた往来手形を庄屋からもらい、四国西国

順礼に出立した。ところが、佐平が閏《うるう》四月十日頃から伊勢路より煩い、道々で養生しながら熊野本宮で「薬用」するも効果がないまま、六月九日、田辺下長町に到着した（『田辺町大帳』『田辺万代記』）。

町方では、病気が重く思われたので、番野又玄・徳田道積・目良新斎といった医師衆にみせたが、「病症腸満の由」で、いずれもが薬を出しがたしと申すため、田辺大年寄玉置惣右衛門が町奉行所へ報告した。だが奉行所から、薬を与えよとの意向をうけ、再度目良新斎に頼んで服薬させ、少し快方の模様になった。ところが、十五日に、佐平が雪隠《せっちん》（便所）へ行きたいと望むので、みつが連れていき、用を済ませ井戸端で手を洗いたいというので、みつが水をかけて手をはなしたところ、手を洗うといって井筒へ転《こ》けかかり、そのまま井戸に落ちた。みつが声を立てたので、宿夫婦、近所の衆が駆け付け、引き上げてくれ、医者衆を呼んで治療したが、養生の甲斐なく死去してしまった。その後、下目付二名、町奉行所小頭、田辺大庄屋《おおじょうや》、大年寄三名が立ち合い、死骸の検死が行われ、一向宗正覚寺の旦那《だんな》であるため、一向宗浄行寺に葬られることになった。同時に宿の夫婦、近所の者八名、さらに医師四名からそれぞれ「口書」がとられている。みつの口上は次のとおりである。

このたびは不慮の儀で段々御苦労をかけ、そのうえ女の独り旅なので、もし国元へ帰るのであれば、人を付けようとのこと、御念のいることでありがたく存じます、夫《おっと》佐平は病中に、たとえ拙者が果てても、打ち残した札所《ふだしょ》を打ち納め、国へ帰るようにと、それのみ申していました、夫の遺言なので、何とか札を納めたく存じます、人を御添え下されることは幾重にも御用捨下さい、いろいろ御気づかい下されありがたく存じます

女の独り旅を気遣う役人らの様子と、それにもかかわらず夫の遺言を守り、残りの札納めの旅を続けようとする気丈なみつの意志がよくわかる。

その後七月一日には、みつが、疲れもとれ道中では道連もあろうし、国許《くにもと》では日限《ひぎり》（往来手形の有効期限）もあるからと、出立を願い、同日奉行所の許可が出された。また、奉行所から金子《きんす》二歩の心付けと、国元まで人を付けようとの申し出があったが、みつは再度、夫の遺言をくり返し、「路銀を用意していただいては道中気苦労なので」と辞退し、五〇〇文《もん》のわらじ銭も二〇〇文のみ受け取ることになった。そのほか、下長町年寄の心付けや、ほかの人々からも可哀想に思われ、五〇文あるいは一匁《もんめ》、二匁ずつ遣わされた。みつも御志と申し受け、結局「銭高二十匁余」を受け取り、翌二日に出立した。

翌宝暦十三年正月二十六日付、みつの礼状によれば、残り札を一々に尋ね廻って納め、女の旅ゆえ、ようやく九月十九日に下着したという。

右の記事からは、夫佐平の不慮の死にもめげず、また地域社会の援助に甘えることなく、佐平の遺志を見事にやり遂げた一人の女性の姿が浮かびあがってくる。また佐平の遺志からは、当時の人々が社寺参詣に対して並々ならぬ思いを懐いていたことがわかるのである。

若い女性の迎え要請

寛政十二年（一八〇〇）三月二日、田辺城下江川浦の久太郎妻とめ、吉五郎母きん、長大夫母はる、長大夫妹はん（一八歳）の四人は、「抜け参宮」（伊勢神宮への抜参り）し、さらに、信州善光寺へと向かった。ところが、四月十二日からはんが病気になり、同月十六日信州矢代（屋代）宿柳家源之助方で重くなり、そのまま宿泊、医師柿崎通丹の治療を受け一〇日間滞留した。だが、本復の見通しなく、同月二十四日に、きんととめは同所を出立、閏四月十三日に帰着した。いっぽう、はんの病気が快方に向かうと、はるが閏四月二日から病気になり、同月十三日に養生かなわず死去してしまった（『田辺万代記』）。

その後、柳家源之助から「はんを迎えに参るように」という久太郎・吉五郎宛の書状が、五月十一日に届いた。親類中では、貧しいわれわれにとって養生代など出費が重なっては難儀と考え、源之助方へ出向いたのは同行のきんらに事情を聞いたからで、はる病死の書状は参着していないと答えるよう、相手の動向に警戒しながら、はん伯父松右衛門・はん兄長大夫が十三日に出立、同二十六日に源之助方に参着した。源之助方の応対は次のとおりであった。

地士で大家と見え、なかなか自分らの心配に及ばないので、正直に五月十一日の御状が届き、とりあえず右御礼かたがたはんを迎えに参ったと申し述べたところ、遠方よく参ったと申し、両人の病中よりはる病死にいたるまでの長々の委細、医師にみせ人参剤まで使った様子を承《うけたまわ》り、はる死後は別して入念な取り計らいで、隣家の人々四五人が源之助への付き合いで、いずれも上下《かみしも》を用い葬送に参加し、源之助の旦那寺生蓮寺は遠方なので法花寺へ葬り、生蓮寺住持が引導を渡された由、これにより挨拶し、諸入用の員数を承ったところ、その義は心配に及ばずというので、金三歩を差し出したところ、はるの病中に源之助の隠居が工夫して、泊の旅人から志をもらい置き、その銀銭を金三歩に加え、寺や医師、手伝い人への謝礼をすましてくれ、四二文のあまりになったという、はんの病中には、はるが源之助方の綿をくり、はんは滞留中麦刈に従事し、奉公人同前、恩に報いる心で働き、家内で親切にしてもらった、長大夫は源之助より人を付けられ、大庄屋元や所役人中、隣家へ礼にまわり、またはんを連れ帰る趣の書付が必要なのに、両人は無筆なので代筆してくれ、爪印ですませた、右のとおり源之助親子は親切にしてくれたので、酒肴を進上したかったが、不案内なため、南鐐《なんりよう》銀二片を包み水引をかけて渡したところ、受け取ってくれたので、同二十

八日にかの地を出立し、当月十二日に帰った段を申し出た

不安な気持ちではんを迎えにいった長大夫らの心配ははずれ、病人の世話から死後まで、そのうえ入用のことまで工夫するなど、源之助親子はまことに親切で、はるやはんも奉公人同前に働き、その恩に報いていたのである。

いっぽう、矢代宿の名主・年寄・問屋から江川浦平野丁御役人中宛の書状が、別便で六月三日に届き、長大夫らの報告を聞いて、同月二十日、江川浦庄屋から矢代宿名主らへの礼状が送られている。田辺領以外の地域でも、旅行難民に対して、温かい心遣いがあったことをみとめることができる。次の節では、まず、パスポート体制にとって必須の往来手形について考えていこう。

往来手形について

プロローグの冒頭で紹介したすぎは、往来手形《おうらいてがた》を携帯したことで、丹後《たんご》の宮津から国元まで村送りされていった。この往来手形が重視されていく過程を次にみていこう。

明和令と往来手形

幕令で往来手形の文言が登場するのは、明和令《めいわれい》が最初であった。明和令は第一条で、五街道や脇往還そのほかの村々で宿を取った旅人が、病気になった際の対応を規定し、ついで第二条で、右のほか、通りかかった病気の旅人に対して、懐中に往来手形を携帯しているか確認したうえで、病気は回復していないが、本人が在所へ帰りたく思い、旅費がないので、送り届けてくれるように願ったら、領主の指図を受け、送り状を与えたうえで送還するよう規定した。第三条は、途中で病死した旅人への対応で、最後に、出費は「宿割村割」と規定している。明和令は、元禄令や享保令が、宿場のみを対象にしていたのに対して、そのほかの村々や通りがかりの村々までを対象にしていること、また救済費用に関しても、享保二十年令は「入用は宿中《しゅくちゅう》割合」とあって、あくまで宿場の問題に限定していたのに、「宿割村割」と村々での負担に言及していることが注目される。つまり、日本列島すべての地域が念頭にあったことがわかるのである。のちにたびたび言及するように、元禄令や享保令は、適用範囲が限定されているが、明和令は、発令後、諸藩の法令に頻繁にみられ、旅行難民の対応で統一的な判断基準とされていた。この明和令で、旅行難民の救済に際して、往来手形が採用されたことは重要である。それはなぜかを考えていこう。

身許証明書として

すでにふれた岡山藩の大坂留守居の用状に、御慈悲から御領内に止宿を仰せ付けられても、万一その者が公儀の御法度《ごはっと》に背いた者か、または何か差し障りのある者であれば、御慈悲がかえって御為に悪い場合がある、とあったように、領主にとって旅人の身許《みもと》確認は重大な関心事であった。

たとえば、岡山藩では、元禄三年（一六九〇）四月に、往来手形の雛形《ひながた》が次のように示されている（『藩法集1　岡山藩』）。

一、他国へ参る者の往来手形は左の如《ごと》し、その村の名主判形にて認《したた》め、持たせ遣わすように申し付けるべき由、御評定にて極まる

往来手形の事

備前国何郡何村誰という者、宗門何宗何郡何村何寺何院旦那《だんな》にて御座《ござ》います、有残成《うざんな》る者（怪しい者）では御座いません、そのため手形、くだんの如し

年号月日

何郡何村名主

誰

所々御宿所中

右の雛形には、一般参詣人が携帯した往来手形にみえる救援のための保護救済規定が記載されていない。保護救済規定はあとで加えられていくからである。いずれにしても、往来手形への関心は、旅人の身許確認が必要だという事情から深まっていったことがわかる。その点は、五人組帳前書などでの往来手形の位置づけからも知ることができる。

元文二年（一七三七）の美作国《みまさかのくに》（岡山県）真島郡種村五人組帳前書（天領）に、次のようにある（『五人組法規集　続編下』）。

すべて人宿《ひとやど》は、往来手形を見届け、もし往来手形を所持しない者は国所を委細に聞き、怪しき様子もなければ、五人組へ断ったうえで一宿させよ、縦《たとえ》親類縁者でも逗留する場合は、その訳を庄屋五人組に断り、慥《たし》かなる者で拠《よんどころ》なきわけがあり、逗留させる必要のある仔細があれば、庄屋年寄の了簡に任す、一人の旅人で往来手形を所持

しない者には、一切宿を貸してはならない事
人を宿泊させる場合は、往来手形によって身許確認せよというのである。往来手形が身許証明書として重視されていたことが知られる。

ところが、同書の旅行難民対策の項では次のように記されている。
路頭で煩《わずら》っている者を見捨てず、その者の名や国所、宿などを聞き届けて看病いたし置き、重き病気であれば宿先へ早速連絡し、ただしその段を領主へ報告せよ、軽い病気であれば、快気次第に宿元へ帰すか、その者の勝手次第にする事

ここでは往来手形の文言がみられない。その者の名や国所、住所などを聞き届けとあるから、必ずしも往来手形の所持を前提にしていないことが知られるのである。

社僧や商人が携帯

では、右の史料に出てくる往来手形はどのような内容のものだったのだろうか。万治四年（一六六一）の毛利藩の「覚」に次のようにみえる（『山口県史料　近世編法制上』）。

御国中の寺社や町人・百姓・給地で、男女によらず仏詣《ほとけもうで》あるいは商いあるいは学文、そのほか用事があって他国へ罷り出る節、今までは奉行所へ訴え、請状を差し出したうえ、拠なき子細があれば、老中よりの手形で出行を申し付けていた、今より以後は、寺社町人百姓が、他国へ罷り出る場合、何々の用事があって何国へ罷り越し、いつご

図５　近江商人 松居久次郎（個人蔵／東近江市近江商人博物館提供）

ろ罷り帰るかの予定を立て、請人を立て、ただし町方は町年寄《ちょうどしより》、在々は庄屋目代《もくだい》、給地は給主《きゅうしゅ》あるいは手代《てだい》へ奥書を申し付けられ、取り置かれたうえ、紛れなき理由があれば、それぞれの都合人より手形を出し、出津を申し付けるはずである
付《つけたり》、他国での滞留は、二年以上の場合は、前々のごとく各《おのおの》へ申し出られるように、それよりうちの滞留であれば、それぞれの頭衆より手形を出し差し免《ゆる》されるはずである

寺社参詣や商用、留学などの必要があって他国へ出る場合、万治四年までは老中よりの手形が必要だったが、今後、町人百姓などは、二年以内であれば、町年寄や庄屋目代など、おのおのの頭衆の手形で出国してもよいというのである。この「覚」では「手形」とあるだけだが、往来手形を指していると思われる。では、僧侶や商人が携帯した往来手形はどんなものであったのだろうか。

北野天満宮《きたのてんまんぐう》の社僧（御師《おし》）は次のような往来手形を携帯して旅をしていた（『北野天満宮史料　宮仕《みやじ》記録　続三』）。

往来手形

一、北野社僧十川能慶ならびに下々一人、宗旨は天台宗で御座います、海陸を別条なく御通し下さい、以上

元禄十七甲申年（一七〇四）三月

北野社年預

能泉判

所々

御番衆中

また、商人も次のような往来手形を携帯して商用の旅に出ていた（『住友史料叢書　年々諸用留　四番（上）』思文閣出版）。

往来手形の事

一、大坂長堀茂左衛門町泉屋吉左衛門手代九兵衛歳二六、同又吉歳三二、下人太兵衛歳四五、三人の宗旨は浄土宗、このたび予州（愛媛県）別子御銅山の買物のため、筑後《ちくご》（福岡県）・肥前（長崎県）へ差し下す、海陸を異議なく御通し下さい、以上

享保七年（一七二二）寅五月十八日

大坂

泉屋吉左衛門

所々御役衆中

社僧や商人は、右のように身許証明書としての往来手形を携帯して旅をしていた。先の元文二年の事例は、こうした往来手形を念頭にしていたように思われる。では、寺社への参詣人の場合はどうであろうか。

旅僧の携帯した捨往来

幕府の享保二十年令に、次のようにある（『徳川禁令考』）。

道心者や廻国の類が倒死の時、不審なこともなく、懐中に、何国にて果てても其の所に葬るように、本寺触頭《ふれがしら》、その在所の寺院、あるいは親類などの慥《たし》かなる書付があれば、前々のとおり、在所へ届けるに及ばず、その所へ取り置き申すように

右の史料に「何国にて果ててもその所に葬るように」とある部分は、たとえば、鳥取藩の「在方諸事控」天保十四年（一八四三）七月二十六日条に、「これまで寺院より差し出した手形は、捨往来《すておうらい》と唱え、文言のうち、もし病死などしても、この方へ付け届けに及ばずなどと認めた向きもあるように聞いている」とあるうちの「もし病死などしても、この方へ付け届けに及ばず」とある部分と同趣旨だとわかる。つまり、右のような文言がある手形を「捨往来」と呼んでいたのである。

右の捨往来がいつ頃成立するか今のところ不明だが、次の享保二年（一七一七）の記事が一つの手がかりになる（『田辺町大帳』）。

十月二日、北新町抹香屋次郎右衛門という者は、常々報謝宿をしてきたが、和州添《そうの》下《しも》郡小泉村の僧租関という者が泊った際、九月末より煩い出し、十月二日に果てた由を申し出た時、御改めのため役人が立ち合ったところ、この僧は病中に、次郎右衛門が国元へ飛脚を遣わそうかと申し出たが、何方《いずれかた》にて死んでも国元への付け届けは入り申さずと返答したので、一札を書かせた由、それで次郎右衛門へも書付を書かせ、禅宗の由なので海蔵寺へ取り置き申した

病死した租関が、「何方にて死んでも国元への付け届けは入り申さず」と口頭で答えたというのである。おそらく、元来は慣行的に口頭で語られていたのが、やがて長期にわたる旅僧の往来手形のなかに書き加えられるようになっていったのであろう。

保護救済規定を持つ

では、一般の旅人が携帯する往来手形は、いつ頃からはじまったのだろうか。現在確認できるもっとも古い往来手形を次に示す（「堀村代々庄屋記録」『福知山市史　史料編一』）。

往来手形

一、この丹波福知山堀村三平という者は、このたび西国三拾三所順礼に罷り出る、万

一何国何方で果て申しても、その所の御じひに如何様にもかげをうて（霊を弔う）下さい、後より少しも文句は言いません
ただし宗旨は代々禅宗で、当村円浄寺旦那に紛れはない、それで寺手形の別紙を携帯している、後日のため往来手形を右のとおり認める
享保拾乙巳年（一七二五）八月八日
丹波天田《あまた》郡堀村庄屋
横山孫右衛門印
書印共
国々御番所様
所々御役人衆様

右の史料では、最初に身許証明の箇所があり、次に目的が記されている。ここで注目されるのは、「万一何国何方で果て申しても」とある箇所で、捨往来に近い往来手形だとわかる。しかし、死去時の処理については、「その所の御じひに如何様にもかげをうて下さい」とあって、一定の葬礼実施を期待しているが、後世に定式化されるような、途中での困難遭遇時における救援要請の文言はみられない。

もう一つ事例をあげておこう（五島敏芳「往来手形考」）。

往来証文の事

一、この庄蔵という仁は、代々真言宗で拙寺の旦那に紛れない、今度廻国に罷り出る、慥かな者なので、国々の御関所を相違なく御通し下さい

一、この者が万一病死などした場合、その所の寺院方が何宗でも御気遣いなく御取り置き下さい、もし宗旨のことで、六ケ鋪義《むつかしき》を申す者があれば、拙僧が何方《いずれかた》までも罷り出、申し分けをし、その寺院方に御苦労を掛けることはありません、そのため右のとおり認める

享保十六年

亥三月

下総国葛飾《かつしか》郡庄内領野田堤台村

真言宗　報恩寺㊞

最初に身許証明と目的が記され、二条目に病死の時の対応が述べられている。発行が寺院のため埋葬寺院に関し、宗旨のいかんは問わない旨が付記されている。だが、堀村の事例と同様に困難遭遇時の救援要請の文言はまだみられず、捨往来に近いものと考えられる。

右の検討から、冒頭の美濃国すぎの事例で紹介した一般的な往来手形は、ようやく十八世紀半ば頃に原型が成立し、明和令に記載されたことで、その後次第に普及していったと思われる。すなわち、明和令の意義は、それまで幕府と諸藩でバラバラであった旅行難民対策が、宿継ぎ村継ぎ規定と往来手形携帯規定とが結合されたこと、および、これ以降、旅行難民が発生した際、往来手形で身許を確認したうえで、本人が村送りを望めば、宿継

ぎ村継ぎによって国元まで送還する方向で、幕府と諸藩の対応が一致していくことになったことにあるといえる。明和令は、その意味で、日本近世におけるパスポート体制を開始させた法令だと評価できるのである。

往来手形発行の規制

ところで、幕府が明和の段階で往来手形の発行手続きに言及した史料は、今のところ見出せない。発行手続きに言及した最初の史料は、天保十四年（一八四三）三月のいわゆる人別改《にんべつあらた》めの法令で、次のように指示された

廻国修行、六部《ろくぶ》、順礼などに罷り出る者は、これまでは村役人あるいは菩提所《ぼだいしょ》寺院が相対《あいたい》のうえ、往来手形を受け取った由だが、以来は、村役人より御代官領主地頭へ願い出、前書の振合いで、許状《ゆるしじょう》を渡し申すように

（『徳川禁令考』）。

従来は、往来手形が村役人か菩提所寺院と申請者との「相対」（当事者同士の相談）で発行されていたが、今後は、村役人より御代官領主地頭に願い出、許可が出た後に往来手形を発行せよというのである。

右の意向をうけて、鳥取藩では、同年七月二十六日、次のように郡々に触れ出した

（「在々諸事控」）。

拠《よんどころ》なき要用などがあり、他国へ罷り越して滞留し、または神社仏閣参詣のため罷り

出る節は、その段を願い、御聞き届けのうえ、右の願書へ御郡奉行が奥書をするので、右の願書ならびに寺手形を所持して罷り出るように、今後右手形は宗旨庄屋より旦那寺へ掛け合い、受け取り渡すように、それで手形の文言も、この方へ付け届けに及ばずなどと申す儀はならざる旨、寺院へ仰せ渡されたので、左様心得られるように郡奉行が参詣希望者などの願書に奥書したうえで、宗旨庄屋が旦那寺と掛け合うことになり、「この方へ付け届けに及ばず」との文言を入れることが否定されたのである。

幕府の先の指示は、人返《ひとがえ》し令との関わりで、人別把握の必要性から生じたもの（後述）で、必ずしも旅行難民に関わって出されたわけではない。しかし、後に検討するように、当時、偽往来手形と思われるものがかなり出回っていたことを考えれば、右の指示によって、往来手形の身許証明書としての信頼度がある程度高まったことは確実である。たとえば、同年同月に、「右の許状を渡すはずなので、右の許状がない者は、関所を通してはならない旨、関所のある向々へ達せられるように」（『幕末御触書集成　第二巻』）と命じられた。先の許状が、関所改めの際に活用されたことがわかるのである。幕府が天保段階になってようやく往来手形の発行手続きに一定の規制をしたことから、明和令にみられる「往来手形」の文言は、それ以前の地域社会の慣行を前提にして付加されたにすぎないことがわかる。ともあれ、近世のパスポート体制は、天保段階にいっそう整備されることになった。しかし、往来手形の発行に規制がかけられたことで、天保以降、参詣人など旅人の数は大きく減少していくことになったのである。

旅行難民の実数を考える

旅行難民は、江戸時代を通じてどのくらいの数にのぼったのであろうか。紀州《きしゅう》藩田辺《たなべ》領に残された史料群を活用して、旅行難民の数をさまざまな角度から考察することで、この問題に接近してみよう。

田辺領の史料から推定する

田辺領に残された三つの史料、すなわち、『田辺町大帳』『田辺万代記』『紀州田辺御用留』を素材にして、田辺領内で困難に遭遇した他藩領の旅行難民の事例を年代順に並べた一覧表（三三二件）①、紀州藩の領民が自国内で困難に遭遇した事例を年代順に並べた一覧表、つまり、田辺領の出身者が、田辺領外の紀州藩領で困難に直面し、田辺領外の紀州藩の出身者が、田辺領内で困難に直面した事例の一覧表（七三件）②、さらに、紀州藩の領民が他藩領で困難に直面した事例を年代順に並べた一覧表（三二件）③を作成した。た

『田辺万代記』

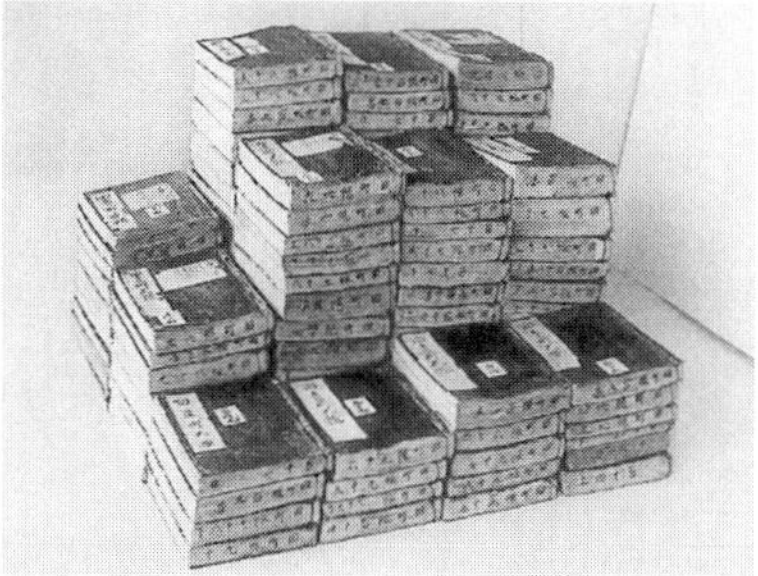

『田辺町大帳』

『紀州田辺御用留』

図6　『田辺万代記』『田辺町大帳』『紀州田辺御用留』（『田辺市史　第二巻通史編Ⅱ』）

だし、大部になるので①〜③は掲載していない（興味のある方は、柴田純「近世のパスポート体制」『史窓』六一号を参照）。この三つの一覧表を基にして、表2と表3、表4を作成した。

なお、放浪する乞食《こじき》や非人《ひにん》、義絶《ぎぜつ》者などの帳外《ちょうがい》者は、往来手形を携帯した身許《みもと》判明者にくらべ、対応が明白に区別されており、村送りの対象からも排除されている。そのため、①は帳外者を加えるとおそらく倍増するが、ここでは村送りに焦点をしぼっているので、帳外者は①から除外している。②も同様である。帳外者の問題は章を改めて考察する。

表2は、①と②のうち出身国が判明する分について、旧国名別にその件数をまとめたものである。旧国名で該当者がいないのは、安房《あわ》、志摩《しま》、佐渡《さど》、河内《かわち》、土佐《とさ》、筑後《ちくご》、日向《ひゅうが》、薩摩《さつま》、大隅《おおすみ》、壱岐《いき》、対馬《つしま》で、琉球《りゅうきゅう》や蝦夷《えぞ》も該当者がいない。薩摩藩や土佐藩のような大国に該当者がいないのは、両藩が領外への参詣を厳しく制限していたからと思われる。注目されるのは、日本列島の北から南まで、該当件数に差はあるものの、ほとんどの地域出身者が田辺領で困難に遭遇しているという事実である。

また、山城国《やましろのくに》（京都府）木津千童子《きづせんどうじ》村では寛政十年（一七九八）に、合計一〇一名の旅人が宿泊しているが、そのうち出身国判明分は、表2に加えた「千童子村」の項のとおりである（『木津町史　本文篇』）。さらに、因幡国法美《いなばのくにほうみ》郡殿村の吉右衛門の記録「日本廻国衆

表2　旧国名別旅行難民件数一覧

	旧国名	件数	殿村	千童子村
東山道	陸奥	1	奥州 6	陸奥 2
	出羽	4		
	陸中	2		
	陸前	2		
	磐城	4		
	岩代	6		
	下野	6	0	1
	上野	5	1	1
	信濃	10	0	1
	飛驒	4	0	0
	美濃	17	0	2
	近江	4	0	4
東海道	常陸	7	1	1
	下総	2	3	1
	上総	2	1	0
	安房	0	0	0
	武蔵	19	5	4
	相摸	1	0	0
	甲斐	3	0	0
	駿河	1	0	0
	伊豆	3	0	0
	遠江	6	0	1
	三河	10	4	0
	尾張	8	0	6
	伊勢	12	0	6
	伊賀	1	0	1
	志摩	0	0	1
北海道	越後	10	0	0
	佐渡	0	0	0
	越中	6	0	1
	能登	1	0	0
	加賀	3	0	1
	越前	3	0	5
	若狭	6	0	1
畿内	山城	12	0	16
	大和	7	0	7
	河内	0	0	0
	和泉	6	0	0
	摂津	24	3	11
山陽道	播磨	12	10	1
	美作	2	0	0
	備前	1	0	3
	備中	4	0	0
	備後	3	1	0
	安芸	2	0	1
	周防	1	2	0
	長門	2	0	0
山陰道	丹波	3	0	2
	丹後	6	0	0
	但馬	2	4	1
	因幡	1	2	1
	伯耆	1	0	0
	出雲	10	0	0
	石見	4	0	1
	隠岐	1	0	0
南海道	紀伊	73	0	10
	淡路	4	0	0
	阿波	3	3	1
	讃岐	6	0	0
	伊予	5	0	0
	土佐	0	0	0
西海道	筑前	3	5	0
	筑後	0	2	0
	豊前	1	2	0
	豊後	6	3	0
	肥前	4	0	0
	肥後	7	1	0
	日向	0	1	0
	薩摩・大隅	0	0	0
	壱岐・対馬	0	0	0
	琉球	0	0	0
	蝦夷	0	0	0

注：旧国名が判明する分のみ.

のほうしや差上覚帳」によると、文政四年（一八二一）の一年間に、殿村を通過して吉右衛門の報謝《ほうしや》を受けた人数は六〇名であった。その出身国は表2の「殿村」の項のとおりである（『鳥取県史　第4巻　近世社会経済』）。人々が近世後期には、全国にわたって旅をしていたことがわかる。そうした旅人のうち、何%かは、田辺領の難民のような状況におかれたのである。

ちなみに、紀州藩は、中世から多くの参詣者を集めた熊野三山《くまのさんざん》が領内にあった。那智山青岸渡寺《せいがんとじ》は、西国三十三所の第一番札所《ふだしょ》であった。そうした事情から、東国からの参詣者は、伊勢《いせ》神宮のあと熊野へ廻り、中辺路《なかへち》や大辺路《おおへち》を通って田辺へ出、奈良や大坂などへ向かう場合が多かった。また、西国からの参詣者は、大坂から田辺を通り、熊野をへて伊勢へ抜ける場合が多かった。つまり、いずれの場合も田辺を通ることになったため、田辺領内での旅行難民が多くなったのである。

田辺領通過の参詣者数

では、どのくらいの参詣者が田辺を通過していったのであろうか。詳しいことは不明だが、次の二つの史料からある程度推測することは可能である。

一つは、享保元年（一七一六）の『田辺町大帳』の記事で、「六月二十四日晩より同二十九日晩まで、順礼田辺泊りの分四千七百七拾六人」とみえる。これは六日分なので、一日あたり七九六人となる。もう一つは、元文三年（一七三八）の『田辺町大帳』の記事で、「六月二十六日夜より翌二十七日朝まで大風雨洪水」になったため、田辺城下に宿泊していた順礼七一八人が海蔵寺・湊福寺・松雲院に避難したという。つまり、右の二つの記事から、十八世紀前半の時点で、六月後半には、田辺城下に一日に七〇〇人強の順礼が宿泊していたことがわかるのである。

ただし、前者の記事の前に、「六月二十八日は順礼大通り」とあるように、六月後半のこの時期は、順礼が例年もっとも多くなる頃で、六月以外の月に毎日七〇〇人もの宿泊者があったとは思えない。しかし仮に、一日平均七〇〇人の順礼があったとすれば、一年に二五万五五〇〇人となる。一日平均三〇〇人とすれば、一年で一〇万九五〇〇人となる。

右の記事は十八世紀前半のことで、旅人の数がピークを迎える十九世紀前半にくらべ、順礼総数はかなり下まわっていたと考えられる。その点を考慮すれば、十八世紀後半から十九世紀前半の田辺城下には、少なくとも年間一〇万人前後の順礼が宿泊したと推定できる。

また、①と②の一覧表は、天和元年（一六八一）から慶応二年（一八六六）まで一八五年間分なので、年間平均一〇万人の順礼がいたとして、この間に一八五〇万人が田辺城下を通過していったことになる。おそらく少なく見積っても一〇〇〇万人前後にはなろう。そう考えると、①と②の旅行難民件数の合計は四〇五件なので、順礼総数に占める旅行難民件数の割合は、〇・〇〇四％強にすぎない。決してありえない数字ではないだろう。

田辺領の石高《こくだか》は、ふつう三万八八〇〇石とされている。これに対して、江戸時代の日本列島の総石高は、一七〇〇年で三〇六三万石余、一八〇〇年で三七六五万石余と推定されている（『日本経済史Ⅰ　経済社会の成立一七～一八世紀』岩波書店など）。つまり、一八〇〇年頃を基準にすれば、田辺領は日本列島全体のおよそ一〇〇〇分の一強の石高であったと仮定できる。①と②の合計旅行難民件数が四〇五件だから、非常に単純化して考えれば、十七世紀末から幕末までに、日本列島全体で四〇万五〇〇〇件の旅行難民件数があったことになる。先に述べた田辺領の位置から考えて、田辺地域での旅行難民件数が比較的多いと仮定して、全国的にはその半分としても、約二〇万件を数えることになる。日本列島全体で一年平均一〇〇〇件強の旅行難民救済が行われていたと推測できるのである。

内藤二郎によれば、山陽道《さんようどう》筋の備前国《びぜん》上道郡《じょうとう》沼村（村高三四八石余）では、平常の年である享和二年（一八〇二）の一年間に、九四人が村送りされていたという（「幕藩期庶民旅行とその保護施設」）。この数字は、昼間の素通りと一泊以上の者を含めた分だが、全国規模に換算すれば、相当の人数にのぼる。田辺地域での数字がそれほど妥当性を欠くとは思えない。以上、やや数字遊びの誹《そし》りを免れないが、江戸時代の社会のなかで、旅行難民がいかに多く生まれていたか、およその概略はつかめていただけたかと思うのである。

表3は、①・②・③について、一〇年ごとの旅行難民件数を一覧表にしたものである。天和元年からはじめたのは、旅行難民の記事がこの年からはじまっているからである。また括弧内は村送りされた件数で、田辺領では天明五年（一七八五）に最初の村送りが行われている。

旅行難民数の変遷

まず注目されるのは、天和元年から元禄三年の間に一八件が認められることである。特に、幕府が宿場からの半強制的遺棄の禁止と服薬を命じた元禄元年以前に、すでに一〇件の事例が認められる。前章で言及したように、地域社会での旅行難民対策は、幕府の元禄令とは関係なく、それぞれの地域で行われていたことがわかるのである。

その後、宝暦頃から少しずつ増加し、明和・天明期以降に急増している。幕府の明和令が大きな影響を与えていたことが推測できる。ただし、享和年間から文政の初めに突出しているのは、この時期、町年寄《ちょうどしより》から町奉行所《まちぶぎょうしょ》に提出された、旅行難民の連泊以上の滞留願が、『田辺町大帳』にすべて記載されているからである。その後また、滞留願がいちいち記載されなくなるため件数自体は減少するが、おそらく天保末年までは旅行難民件数に大差はなかったと推定できる。つまり、この時期の数字上の差は、帳面の記載様式の変化が原因だと考えられるのである。やがて天保末年以降になると、天保十四年（一八四三）に、幕府によって、往来手形の発行手続きに規制が加えられ、諸藩での参詣規制が強まる

表３　10年ごと旅行難民件数一覧

	年　　代	他国人難民件数	自国での難民件数	他国での難民件数	合　計
1	1681～1690(天和元～元禄３)	17	1	0	18
2	1691～1700(元禄４～元禄13)	11	0	2	13
3	1701～1710(元禄14～宝永７)	4	1	0	5
4	1711～1720(正徳元～享保５)	5	1	0	6
5	1721～1730(享保６～享保15)	4	2	0	6
6	1731～1740(享保16～元文５)	5	0	0	5
7	1741～1750(寛保元～寛延３)	5	1	2(1)	8(1)
8	1751～1760(宝暦元～宝暦10)	10	0	1(1)	11(1)
9	1761～1770(宝暦11～明和７)	13	1	0	14
10	1771～1780(明和８～安永９)	17	4	2	23
11	1781～1790(天明元～寛政２)	22(4)	4	2(2)	28(6)
12	1791～1800(寛政３～寛政12)	20(5)	2(1)	1	23(6)
13	1801～1810(享和元～文化７)	51(14)	7(2)	2(1)	60(17)
14	1811～1820(文化８～文政３)	54(16)	8(5)	4(2)	66(23)
15	1821～1830(文政４～天保元)	31(14)	7(5)	6(2)	44(21)
16	1831～1840(天保２～天保11)	37(18)	19(10)	5(1)	61(29)
17	1841～1850(天保12～嘉永３)	14(6)	4(1)	1	19(7)
18	1851～1860(嘉永４～万延元)	9(6)	6(5)	3	18(11)
19	1861～1870(文久元～明治３)	3(3)	5(3)	1	9(6)
	合　　計	332(86)	73(32)	32(10)	437(128)

注：括弧内は村送り件数.

表4　年齢別旅行難民件数一覧

	年齢(歳)	他国人難民件数	自国での難民件数	他国での難民件数	合計
1	0～9	4	6	1	11
2	10～19	7	4	2	13
3	20～29	16	5	0	21
4	30～39	20	6	1	27
5	40～49	14	2	0	16
6	50～59	7	4	0	11
7	60～69	14	5	1	20
8	70～79	4	3	0	7
9	80～89	1	0	0	1

注：史料に年齢記載がある分のみ.

とともに、社会的混乱が深まるなかで、順礼総数が減少していった。すなわち、寺社参詣の最盛期は、一八〇〇年前後から一八四〇年頃までであったといえよう。

表4は、①・②・③について、年齢の判明する旅行難民を取りあげ、〇歳から八九歳まで九分類にした一覧表である。〇歳から一九歳までと、五〇代や七〇歳以上がやや少ないが、全体としては年齢に関係なく困難に遭遇していることがわかる。また、六〇代が比較的多いことは理解しやすいが、二〇代や三〇代が多い理由はつかみにくい。青壮年期で旅立つ者の絶対数が多かったとも考えられるが、この年代は農作業などで中心的役割を担う層と考えられるので、旅立ちが本当に可能だったのか疑問に思われるからである。

なお、死去数は、①で一三三人、総件数で割ると四〇%強、②で、三二人、総件数で割ると四三%強、③で二三人、総件数で割ると七一%強になる。③が特に多いのは、他国での事例で、よほどの事情がなければ帳面に記載されなかったからと推定できる。また、性別が判明する分を整理すると、①は、男性が二二二人、女性が八九人で、女性は男性の四〇%強、②は、男性が五五人、女性が二四人で、女性は男性の四三%強、③は、男性と女性とも一八人で同数である。この場合も③が特殊で、一般的には女性は男性の四〇%強が困難に遭遇したようである。順礼総数の男女比が不明なので単純化はできないが、女性が困難に遭遇する事例は思っていたほどは多くないようである。以上みてきたような江戸時代における旅行難民の実態を念頭において、次節では、田辺領でパスポート体制がどのようにして成立していくかを考察していきたい。

田辺領でのパスポート体制の成立

気になる外聞　宝暦三年（一七五三）四月、田辺領伊作田村の次郎平娘やや（一八歳）は、同村の女性たちと西国へ乞食順礼《こじきじゅんれい》に出かけ、播州《ばんしゅう》（兵庫県）加東郡青野新田高岡村で疱瘡《ほうそう》を煩《わずら》い、一〇日ばかりの養生ののちに回復し、通し駕籠《かご》で国元まで送られてきた。帰国後、庄屋宇八がややの口上を書き留めて郡方役所に上申した「覚」によれば、高岡村での処遇が全一二条にわたって詳しく書き上げられている。すなわち、高岡村では、医者の加療や村役人の世話にならず、「あら頭衆」と呼ばれる近所五人の衆の世話になったことや、かの地は御代官萩原藤七支配の幕領で、御役人衆見廻りもなく、村役人に内々で田辺に送られたことなどが記されている（『田辺万代記』）。

また、四月二十九日に帰国した、ややの道連五人の「口上」によれば、「駕籠賃前銀は、田辺の衆が通り合い、銀十匁《もんめ》余下された、そのほか和歌山の衆が同国の者とて御立ち寄り下されて、一人前一匁程ずつ下され、前後二十三匁七分になったので、駕籠賃に遣わした、なおまた路銀も順礼衆に貰った内から持たせ、田辺へ帰した」とあり、駕籠賃などの道中費用が、田辺や和歌山の同郷人や順礼衆の喜捨《きしゃ》で調達されたことがわかる。幕領の代官支配地で十分な救済体制が整っていないなかで、宿主や「あら頭衆」と呼ばれた近所五人の衆の世話で何とか帰国できたようである。また、庄屋宇八の「覚」に、「所御役人衆の御世話になったか」とあることから、領主が他地域の事情をかなり気にしていたことがわかるのである。

さらに、同年四月、三人の女順礼が播州神東《じんとう》郡東川鍋村から田辺の湊村に到着した。そのうちの一人りつ（二七歳）が疱瘡を煩っていたため、湯峰から「ほかの順礼衆におわれ」やっとたどりつき、湊村で小屋掛け養生することになった（『田辺町大帳』『田辺万代記』）。その際、湊村庄屋善七は、順礼在所の城下の広狭、三人の親や兄弟の名前、大庄《おおじょう》屋《や》の名前、領主の名前（姫路藩主酒井雅楽頭《うたのかみ》）などを尋ねて領主に報告し、そのうえで、「他国者なので、粗末にも見え如何《いかが》わしいため、奇麗に仮屋を建て入れ替えるよう仰せ付けられた、それで御意の趣に恐縮し、建て替え旅人を移らせ申した」と結んでいる。領主が「粗末にも見え如何わしい」と他国の外聞をかなり気にしている様子が実によくわかる。

同様のことは次の事例からもいえる。天明六年（一七八六）九月に、田辺城下の医師小川草庵が奇特な者として褒賞された理由は次のとおりである。但馬国《たじまのくに》（兵庫県）の順礼が田辺で病気になり、草庵の治療を受け回復した際、草庵が薬礼をいっさい受けず、「右の順礼が大坂へ参り、但馬御蔵屋敷で右の様子を申し達したので、御役人衆も甚《はなは》だ感心された由、当地より送り参った者が帰り、話した」（『田辺町大帳』）とあり、また、鳥取藩の「化政厳秘録」（『鳥取県史　第7巻』）文化十四年（一八一七）三月十六日条に、「先に行徳に倒れ者があり、播州姫路領松江村の者なので、その旨を仰せ遣わされたところ、酒井侯より御領内の者が御厄介になったとして、御挨拶のためこちらの御役人が若干の金子を賜った」とある。いずれの場合も、他領での評価を気にしていたことがうかがわれるのである。

むりに出立致させ候

ところで、紀州藩は、元禄令以降、「病人を村送りに致さざる筈」と、村送りを禁止してきたが、次のような事件の増加とともに、次第に認めていくことになった。

濃州《のうしゅう》恵那《えな》郡尾州領付知村の六右衛門・よの夫婦と為吉夫婦の四人は、ともに西国順礼に旅立ったが、安永七年（一七七八）二月に、六右衛門夫婦が疱瘡にかかり、同月二日、下長町松原屋伊兵衛方に一宿した。翌朝、駕籠で南部《みなべ》へ向かったが、「宿も駕籠も」なかったため、駕籠の衆を頼み田辺に乗り帰り、伊兵衛方で医者の治療を受けることになった。しかし、六右衛門は二八歳になり、難痘のため、八日に死去してしまった。検死のあと、役人が「心懸りなる義（気がかりなこと）はなきや」と、残りの三人に尋ね、「少しも心懸りなる義はなく、ご当地へ対し何等申し分（不満）はない」との返答をうけて、往来一札《おうらいいっさつ》の写をとり、浄行寺に土葬した（『田辺町大帳』）。

右の結果、これで一件落着かと思われたが、同月二十二日、御支配方から大年寄玉置喜平次が呼び出され、「この間の濃州疱瘡病人は、十一日に南部まで参ったが、下長町に一両日も滞留し養生したかったのに、何分出立するように進められた由である、宿伊兵衛や駕籠の者、年寄にこの間の事情を書付で提出させるように」と申し付けられた。

伊兵衛は、右の御尋ねに対して、「右の順礼病人は、段々回復したので出立したい、長旅なので一日でも早く参り、高野辺に縁類もあるから、右へ尋ね寄りたき由申したが、滞留したいと申すことは聞いた者がいない」と返答した。また、駕籠の者両人も、「宿々で左様な話しは聞いていない」と返答している。しかし、在方の『田辺万代記』が、「先ごろ下長町より出立の病人、むりに出立させたように、南部で同行が申していた由」と記している。六右衛門の「同行」が、むりに出立させたといっている、という噂《うわさ》が広がっていたのである。

右のような見解の相違がなぜ生じたのだろうか。次の記事がこの間の事情を物語ってくれる。すなわち、御支配から、「在辺より疱瘡人が宿を頼んだ場合、差し支えがないよう通すようにせよ、この間当所へ宿を頼んだ者があったが、宿のない南部で煩った由である、疱瘡人は御上でも至極御大切に思召されている」と詰問された。これに対して、玉置喜平次は、「この問題は仰せ付けられのとおりには参りません、たとえ礼物が宜《よろ》しき節でも、近所に生子があれば、遠慮して宿を貸しません、第一その所を持ち出したことが甚《はなは》だ疎略のように存じます」と返答している（『田辺万代記』）。六右衛門が病死したのは、南部まで行きながら、そこで宿泊場所をみつけ出せなかったからであった。なぜかといえば、疱瘡にかかった病人は、たとえ礼物がよくとも、近所に「生子」（乳飲み子）がいる場合、村人が遠慮して、誰も宿を貸してくれないからなのであった。

たとえば、文政五年（一八二二）五月十日、周参見《すさみ》組村々で疱疹《ほうしん》が流行したため、村送りの順路変更を願い出た書状に、「疱瘡病一統恐怖の村々」とみえる（『田辺万代記』）。疱瘡病人を嫌うこうした文言はたびたび記されており、容易に宿泊場所を確保できなかったことが推測できる。そのため、六右衛門の場合も、結果的にむりに出立させたような誤解を招くことになったのである。この後、「町近所へ疱瘡病人を連れ参り、宿など貸すように頼んだ場合、相対で貸すように、町御奉行所・郡方同様の御通し」と通達されており、領主側が在方の実情を十分に把握できていなかったことがわかる。

さて、すでに述べたように、明和四年（一七六七）には、幕府が、往来手形で身許確認をしたうえで、病中であっても、病人が自分の意志で強く望めば、無料で国元まで送還する、村送りを認める法令を出していた。この明和令は、元禄令や享保令と違い、多くの藩で書き留められており、村送りは明和令の発令を機に多くの藩で実施されるようになっていた。

たとえば、文化十二年（一八一五）九月に紀州有田郡谷村の元春が、摂津《せっつ》（大阪府）河辺郡大物村から田辺江川浦に送り出されてきた送り状に、「明和五子年公儀御触の趣で送り出すように申し付けられた」とみえる（『田辺万代記』）。こうした記述は各地に残っている。なお、鳥取藩の村送りは、「在方諸事控」によれば、文化十四年頃から開始とみられ、かなり遅かったことが確認できる。

村送りの開始　右のような、現実的な事態に加え、先の六右衛門のような外聞の悪い事件が重なるなかで、紀州藩も「病人を村送りに致さざる筈」という「御定」を撤回することになったのであろう。

田辺領からの村送りは、天明五年（一七八五）八月の次の事例が初見である（『田辺万代記』）。

覚

一、豊後国《ぶんごのくに》（大分県）竹田領大野郡堺地村台七という者が、当月二十一日、当村往還端で病気のため困っていた、様子を尋ねたところ、廻国を望み、去る十二月に国元を出立、所々を廻り熊野路へ参ったところ、痛む所ができ、老年のため歩行が甚だ難渋なので、何とぞ村送りで早々国元へ帰れるように願った、そこで当地役所へ上申したところ、送り遣わすように申し付けられたので、村方を出立させた、宿々村々は御憐憫《れんびん》をもって送り届けて下されたい、病人は路銭がないので、御配慮にて滞りなく帰村できるようにして下されたい、以上

天明五年巳八月二十九日

安藤帯刀領分
紀伊国牟婁《むろ》郡田辺の庄
田辺組西ノ谷村肝煎
粂　平
同村庄屋
忠左衛門

諸御国
宿々村々御役人衆中様

> 右は二十八日に役所の決済が済み、役人が下書を御覧のうえ出した、本人は往来一札を所持している、これを写し取り本紙は返した

先の明和令にあるとおり、本人の意志確認と領主の承認を書き記した「覚」（送り状、送り一札などともいう）で、明和令に「病人願の趣を認め相添え」とあるように、病人に渡した添状である。なお、身許確認が往来一札で行われ、写しを取ったうえで本紙は本人に返していることがわかる。

ついで、翌天明六年に二件の村送りが確認でき、さらに、寛政元年（一七八九）五月には、「十一日、下長町宿屋文助方で、尾州順礼四人の内一人が病気になったので、村送りに願い出、以前のとおり計らった」（『田辺万代記』）と記されている。天明五年の四年後には、すでに以前のとおりと、村送りが先例になっている。すなわち、紀州藩田辺領では、天明五年頃には村送りが開始されたと推定できるのである。

なお天明三年四月、田辺組糸田村の伊兵衛親子四人が、本人の意志で、泉州《せんしゅう》（大阪府）船尾村から「村継ぎ」で村送りされている（『田辺万代記』）。すくなくともこの時点で、紀州藩の村送り禁止は有名無実になっていた。こうして、紀州藩でも他藩と同様に、宿継ぎ村継ぎ規定と往来手形携帯規定を合体させたパスポート体制が成立したのである。

パスポート体制の整備と終焉

田辺領での村送り体制の整備

送り状の整備

田辺《たなべ》領での村送りの手続きは次のとおりである。たとえば、町《ちょう》であれば、旅行難民が宿主《やどぬし》に願い出、宿主が町年寄《ちょうどしより》、町年寄から大年寄《おおどしより》に届けられ、さらに大年寄から町奉行所《まちぶぎょうしょ》に上申された。そして、町奉行所の判断が大年寄に通達されると、担当の大年寄の指示で人足《にんそく》の手配など実務が整えられ、村送りの実現となる仕組みであった。村の場合は町年寄を庄屋《しょうや》、大年寄を大庄屋《おおじょうや》に置き換えればよい。しかし、村送りが順調に実施されるためには、さまざまな問題が生じている。そこで、村送りがシステムとして整備される過程を次に考えていく。

寛政七年（一七九五）四月に、次のような記事がみえる（『田辺万代記』）。

下長町に止宿した但馬《たじま》順礼《じゅんれい》が、痛所のため国元まで村送りを願い出、喜市が奉行所

図７　田辺北新町（『紀伊国名所図会』）

に達す、右の段を西ノ谷村へ心得置かせくれるように以前のとおり申し、そのまま通る、天明六午年江川より送り出しの例で、下長町年寄の添書で送り出す、西ノ谷村庄屋の継状を貰《もら》い、下長町人足が芳養《はや》へ送り、西ノ谷より人足は出さず、町に添書の扣《ひか》えあり

但馬の順礼は痛む所があるため村送りを願い出、担当の大年寄玉置喜市が村送りの実現のため差配したことがわかる。

右の記事中に、天明六年（一七八六）江川より送り出しの例とあるが、天明六年の村送りは次の二件である。まず一件は、美濃国《みののくに》の甚蔵親子が江川で歩行困難になり村送りされたもので、二月六日付の「覚」（江川村庄屋・年寄差出の送り状）奥書に、「町御奉行所へ達したうえで取り計らった、ただし往来手形と寺請を写し取り、本紙は本人に遣わし渡す」とある（『田辺万代記』）。もう一件は、筑前《ちくぜん》（福岡県）の順礼とらが北新町で病気になり村送りされたもので、『田辺町大帳』に、「右（六月）二十日願い済み、送り一札を添え、西ノ谷村へ継ぎ出す、人足は下はやまで遣わした」とある。また『田辺万代記』には、「北新町で煩《わずら》った筑前順礼が村送りを願い出、奉行所に上申し許可をえて送り出した、委細は町帳にある、ただし人足は町よりはや下村へ遣わす、送り状は西ノ谷村庄屋に書き添えさせた」とある。

寛政七年の記事は、江川の事例のみでは意味が不明だが、同年の北新町の事例を参考にすれば、村送りの実態をよく示している。すなわち、玉置喜市は、天明六年の先例をふまえて、下長町年寄の「添書」（送り一札、送り状）を順礼に渡し、下長町の人足を使って芳養まで送り、かつ、途中西ノ谷村で順礼が庄屋継状をもらっているのである。

天明六年の二件の場合、江川庄屋らの送り状と北新町年寄の送り状とでは、記載様式がかなり相違していた。そのため、送り状の形式を整える必要が生じたからか、早くも寛政十一年には、『田辺万代記』に次のような送り状の文書が雛型《ひながた》として掲載されている。

一、旅人村送り、今より左のとおりの模様にするよう御通し、ただし送り出す前に届を出すように、その内送り出した後でも、事情により届け出るようにとの事

送り状

このたび播州《ばんしゅう》加東郡永井村兵右衛門という者が、同行四人連れで西国順礼していたところ、熊野路で足が痛みだした、同行の者と別れ、養生のため一人残り保養していたが、芳しくなくいろいろ悩みながら当村まで罷《まか》り越したところ、次第に痛みが強くなり、まったく歩行ができなくなり、甚《はなは》だ難儀している、然《しか》れども気力は慥《たし》かで早々国元へ罷り帰りたいから、何卒村継ぎで送ってくれるようにと願うので、その事情を奉行所に上申し送り出した、宿々村々は御憐憫《れんびん》をもって送り届けてやってほしい、ただし路銀の貯えがないように思われるので、御配慮を加え滞りなく帰村できるようにさせてやりたい

旅行難民が気力は確かで、強く帰国を願っていることを明記させている。元禄令の半強制的な宿送りの禁止を強く意識していたことがわかる。

右の事情は、弘化三年（一八四六）七月に、越中国《えっちゅうのくに》（富山県）日奈田村久八を村送りにする際、大庄屋田所左衛次が代官所から次のように申し付けられていることからも裏づけられる（『紀州田辺御用留』）。

先刻上申のあった送り出しの者は、聞き届けられたので、その旨を早々取り計らうように、また送り状の文言の内に、気力は慥かだと申す文言がない、届状にも送り状にも書き入れて差し出すようにせよ

領主への届状と旅行難民に渡す送り状の両方に必ず「気力は慥か」の文言を加えるようにと指示している。こうした通達が出されたのは、右の文言が年月をへて記入されなくなったからであろうが、領主はこの点をもっとも重視していたのである。

送り戻しの頻発

送り状の雛型が出て、村送りは順調に進むかと思われたが、必ずしもそうではなかった。文化元年（一八〇四）三月に、中風《ちゆうふう》体のため「せいろう体の釣籠《つりかご》を拵《こしら》え乗せて送り出した」七〇歳ほどの三河国《みかわのくに》（愛知県）の順礼助七が、黒江から送り戻されてきた。事情を聞くと、「村々送り書ならびに大庄屋所印形《いんぎよう》」がなかったからという。そのため、下長町年寄彦右衛門は、前とは別の次のような添状を渡して送り出した（『田辺町大帳』）。

この三州順礼助七という者は、先月二十三日に御達しが済み、当町より送り出したところ、黒江より送り戻された由だ、順礼の申し口（口上）ではあるが、事情がよくわからないので、またまた送り出す、もしまた子細があれば、その所に順礼を留め置き、書状で連絡されたい、このうえに子細なく送り者を御受けない場合は、その前の村より訳を糾明してほしい、この前と同じく子細なく御送り戻されれば、支配方へ訴えたい、そのため村々の御付け書は御面倒ながら念入りに認《したた》めて、差し送ってほしい助七が送り戻された事情がよくわからなかったため、途中の村々に付け書の認めを依頼し、再度送り戻された場合は、支配方へ訴えるとも書き込んでいる。そして、大庄屋と大年寄が相談して、次のように取り決めている。

町表で旅人煩《わずら》い国元へ送り出す場合、今よりは西ノ谷村庄屋の添書を取り、町人足で芳養へ送り出す筈《はず》、東なれば湊村庄屋の添書を取り、下丸へ送り出す筈、大年寄中と申し談じ極める

田辺から北へ和歌山に向かう場合は、西ノ谷村庄屋の添書を取り、東へ中辺路《なかへち》に向かう場合は、湊村庄屋の添書を取ることにしたのである。だが、その後も送り戻しが続いたらしく、文化三年三月、京二条新麩屋町井筒屋惣兵衛女房ふさを村送りするにあたって、次の文言を書き加えている（『田辺万代記』）。

奉行所へ申し上げたところ、御聞き届けが済んだが、村により送り戻しの筋もある由なので、別に添状を認め病人に与え、もし送り戻す所があれば、その状を見せるようにさせた

村送りしても、村により送り戻す場合があるから、別に添状を与え、送り戻す所があるならば、この添状を見せるようにというのである。そのため、送り状とは別に、次の「口演」が渡された。

本文京二条ふさの送り状は、当地御役所表に申し上げ、許可を得て遣わした、近頃御

村方により少しの間違いを申し立て、御送り戻しの筋があるけれども、早々帰国の病人なので、間違いなく御送り遣わされたく、添状をこのように認めた

本来の送り状に加え、別に「添状」が必要とは、何とも合点がいかないことだが、送り戻されてくる事情は、やがて判明することになる。

大庄屋奥書で解決

文化九年（一八一二）七月、『田辺万代記』に次のような記事がみえる。

一、同十九日、旅人を村送りに出す際、送り一札は庄屋名前ばかりであろうか、大庄屋の奥書があるかと、御郡方より切目《きりめ》へ尋ねられたので、切目より日高《ひだか》へ聞き合い、申し来った趣

一、送り状へ大庄屋の奥印《おくいん》をすることは、口六郡（紀北部）では十ヵ年以前に仰せ付けられた由、容易には聞き届けず、痛所はあるが気力は慥かで、当人が達て願い、往来（手形）も所持している節は、得と大庄屋が聞き届け、送り出すけれども、村方が世話をのがれ、その所の養生を嫌って、病人の願いもないのに奉行所に上申する場合は、送り出してはならないと申し越し、郡方へ申し達した

切目組から日高の大庄屋酒井次助に問い合わせたところ、和歌山城下周辺では、すでに一〇年も前に大庄屋奥印が仰せ付けられていたこと、それは、村送りにあたって、病人が本当に自分の意志で村送りを希望しているかなどを、大庄屋がチェックするためだという

のである。和歌山城下周辺で一〇年も前に命じられたことが、田辺領に伝えられなかった理由は不明だが、文化元年に助七が送り戻された際、「大庄屋所印形」が問題にされていたことを想起すれば、一〇年前に右の命令があったことはおそらく事実である。

かくて右の事情が判明したあと、『田辺万代記』は、同年八月に、組々大庄屋の「申し合わせ」を掲載したうえで、今後、送り状の奥に書き加える文面として、次のような雛型を載せている。

右を糺《ただ》したところ、相違がないので、当地で奉行所に相達し、送り出させたものに相違ない、以上

同国同郡何組大庄屋

誰　印

かねての問題は、送り状のあとに大庄屋の奥書を書き加えることで解決され、これ以降は、特に大きな問題もなく、幕末まで村送りが続いた。そして、田辺領では、慶応二年(一八六六)五月、泉州日根郡谷川村利兵衛の村送りが最後になったのである。

難所峠の整備

難所の千歳峠

プロローグで取りあげた美濃国《みののくに》のすぎは、西国順礼の途中、宮津藩領の千歳峠《ちとせとうげ》（普甲峠《ふこう》）で困窮したところを、小田村の農民に保護された。千歳峠は、西国順礼の人々にとって難所の一つであった。たとえば、天保十年（一八三九）五月、加賀国《かがのくに》（石川県）の百姓三右衛門は、三月に金毘羅《こんぴら》参詣のため国元を出立し、五月二日に小田村にいたり、病後旅の疲れなどで足痛をおこし、歩行困難になって在留し、結局、村送りで国元へ送り帰された。また、尾張国《おわりのくに》（愛知県）の藤兵衛（五一歳）、友治郎（九歳）父子は、嘉永二年（一八四九）正月、諸国順礼に出立し、嘉永四年十一月朔日に千歳峠で途方に暮れ、「同所茶屋長助」方で世話になった。だが、藤兵衛はここで病死し、残された友治郎は迎えの者と国元へ帰った（『宮津市史　通史編下巻』）。千歳峠が難所

図8　順礼の姿（『沢庵巡礼鎌倉記』）

であったことがわかる。この千歳峠の整備を次に取りあげてみよう。

『道中記』の千歳峠

京都府宮津市にある西国三十三所観音めぐりの第二十八番札所《ふだしよ》成相寺《なりあいじ》への順路は、姫路の第二十七番札所書写山円教寺《しよしやざんえんきようじ》から出石《いずし》や久《く》美浜《みはま》をへて弓木《ゆみき》にいたる道であったが、山道が多いため、利用者は少なく、多くは福知山《ふくちやま》から千歳峠を越える京街道が利用された。そのため、小田村には旅人の往来を伝える多くの史料が残されている。しかし、千歳峠は旅人にとって難所であったため、峠越えの困難を軽減する工夫が試みられた。ここではまず、そうした工夫を考える前に、文政三年（一八二〇）に、福知山から宮津に入った西国順礼者の日記『西国順礼略打《りゃくうち》道中記』（『宮津市史　史料編第三巻』）を取りあげ、京街道を行く旅人はどんな旅をしていたかをみておこう。

大江山の由来かくのとおり、さてこの山に住ける童子は、この時分は鬼でもあろうか、よく考えてみると、今の盗賊の類と思われる、なおまた、山は普甲峠（千歳峠）で左手に七分どおり見えてある、また麓《ふもと》へ行くと、これより三里あると申すなり、今にても岩屋（鬼の岩屋）があるかと申せば、今はなしと申すなり、なおまた、この普甲峠の口に、頼光腰掛石《らいこうこしかけいし》、鬼が手掛石《てかけいし》、通り道にあり、なおまた下りて、岩戸茶屋より少し行くと、道の右手に、道造供養としてあるこの側に、四畳敷ばかりの岩がある、この岩に、口中の荒れて、煙草飲んで難義する、また熱きものを食べて難義する時に、治る草がある、この草を採りて、煙草に混ぜて飲むか、または煎じてふくむかすると、たちまち治る事奇妙なり、この訳は、卯三月に、西国をしてこの所へ行きて見れば、草がありしゆえ、採って帰ろう、なおまたこの節、口中が荒れて難義いたして、そのまゝで道中して、この普甲峠の中の茶屋で泊まりし所に、口中の荒れたる話をしたところ、この所の八十九の爺様が、この辺は、口中が荒れると、その草を採り、煙草かまたは煎じて飲むと治ると申されて、教えるゆえ、それより翌日、この所を出立してその所へ行きて見れば、話の草があり、それを採り、それから生なりで採り、それより道中の間、その草を煙草に混ぜて飲んだらば、それより後には、下向するまでにさっぱりと治りました、奇妙な薬になる草なり、この所へ行きたらば、必ず忘れずと採り帰えるべし、なおまたそのそばに、同じようなる草がある、それは役に立たぬ、その心でいるべし、その形をば次で記す、是が嘘なれば、西国してこの所へ行きて、中の茶屋で尋ねるべし、なおまたこの道中記と引き合わせて見るべし、嘘でなし、次に平石、小休・宿もなし（中略）、金山村、小休・宿なし、是より道は砂道で平地で良し、次に喜多村、宿屋・小休所なし、さて、この所より宮津の御城下へ行くまでは、入口まで両側ともきたない藁葺《わらぶき》の屋根で、見れば長屋なり、皆々足軽と見ゆる、本伊勢より四里、丹後宮津、この所は入口も出口も町中もきたない、宿屋・小休もきたない、この所より成相へ行き戻り四里ある、詳しくは次で記す、宮津御城下、これを尋ねるに、松平伯耆守宗発《まつだいらほうきのかみむねあきら》、御知行七万石、この所の宿屋は、毎日毎日の隔番で、町が三筋ある、その三筋の町より街道の辻へ出で、客を引くなり、見ればどれどれもきたない、三筋ながら宿屋はきたない

『道中記』の筆者は、大江山から中の茶屋、千歳峠をへて、岩戸、平石、金山、喜多村から宮津の城下に入っていることがわかる。右の記述からいくつかの問題を探っていこう。

まず、最初は、中の茶屋で宿泊し、口中の荒れに利く薬草を教えてもらっている記事に注目してみよう。文政四年（一八二一）九月、小田村の喜助は、小田村の村役人五名と連署で、宮津藩に次のように願い出た。

私は、無高で家内妻子子供三人の都合五人にて、下作稼ぎをして生活していたが、それでは家内が多く渡世を送りがたいので、煮売茶屋《にうりぢゃや》ならびに旅籠屋《はたごや》をはじめ、渡世を送っていた、しかし、家居《いえい》が甚《はなは》だ見苦しく、自然と旅人が足を留めなくなり、甚だ難渋したため、親類や出入りの衆中に頼母子《たのもし》を頼み、彼らの助力で家居を普請し、今は随分と旅人が止宿するようになったが、右の無尽《むじん》の返却に年々困窮し、難渋している

喜助は、これまで煮売茶屋や旅籠屋の渡世をしてきたが、住居が見苦しいため、旅人が止宿せず、親類などから借金して住居の普請をして、ようやく旅人に止宿してもらえるようになったと述べている。先の『道中記』の筆者は、宮津が入口も出口も町中もきたないと述べるなど、くり返し「きたない」という言葉を発していた。喜助が自家の改装で旅人の確保に成功したのは、こうした当時の旅人の感覚をいち早く読み取ったからであろう。

中の茶屋喜助

ところで、喜助はどこで「煮売茶屋ならびに旅籠屋」を開業していたのであろうか。宮津市の「宮津市域石造物一覧」によると、文政十一年八月に建てられた「峠道造供養」塔

の世話人として、彦坂久左衛門と中茶屋喜助の名前があげられている。つまり喜助は、『道中記』の筆者が宿泊した中の茶屋で煮売茶屋ならびに旅籠屋を経営していたのである。喜助が、中の茶屋から岩戸へと続く石畳の「峠道造」の世話人をしていたのは、右のような事情からであったことがわかるのである。

「峠道造供養」塔に世話人として喜助と連名で登場する彦坂久左衛門とはどういう人物なのであろうか。久左衛門については、天保十一年（一八四〇）五月、小田村の「三役人」名で出された、次の宮津藩への願書が参考になる。

久左衛門の活躍

当村久左衛門という者は、文政亥《い》年より戌《いぬ》年まで十二ヵ年のあいだ、千歳峠や外々の道造りの世話をし、そのほか万端村方のことについては、何事に寄らず立入り世話をし、心得違いの者には実意をもって教導し、また千歳峠および村方で、旅人の病人や倒れ人などがあった節は、不便《ふびん》に思って親切にし、食事など気を付け世話するような、非常に奇特な者で御座います、しかし、右久左衛門は、天保五午《うま》年に心得庄屋を仰せ付けられ、申《さる》年まで三ヵ年勤めましたが、申年の凶作で、御年貢の不納人が多く生まれました、年貢の納入は御大切の義なので、仕方なく先大庄屋三宅忠右衛門方で銀子《ぎんす》を借入し、御定用銀は、山田屋八左衛門方で借用し、御上納に努めました、もちろん米御会所より米代銀を借用するなど、そのほか多くの借財になったので、不納人へ厳しく取り立ての催促をしましたが、皆々難渋人で自分の渡世に困窮していたため返済できず、久左衛門は他借方へ損亡がかかることを難渋に存じ、自分も勝手向き難渋していたのに、何とか返済したいといって、先祖より代々譲り受けた田畑山林諸道具家屋敷などを売り払い、返済にあてたいといって村方へ投げ出し、わずか三ヵ年の役中に、右のような困窮状態に陥ってしまいました、村方ならびに銘々まで気の毒に存じ、世話などもしたいのですが、近年来村方の者は困窮し、ほかに損銀があるので力に及ばず、旧家の久左衛門殿が御百姓断絶の瀬戸際となり、村方一同嘆かわしく思っています

とあり、このあと、久左衛門家を救うため、村方の保証で「御米百俵」の拝借を藩に願い出ている。

右の文中の「亥年」を文化十二年（一八一五）とすると、「戌年」は文政九年（一八二六）となり、先述の「峠道造供養」塔の建立が文政十一年であったこととよく符合する。つまり、右の史料に登場する久左衛門が、「峠道造供養」塔に記載のある彦坂久左衛門だと断定できるのである。

久左衛門は、右の史料によれば、千歳峠や外々の道造りの世話だけでなく、千歳峠および村方で、旅行中の病人や倒れ人などがあった節は、不便に思って親切にし、食事など気

を付け世話するような奇特な者であった。また、天保五年に庄屋になると、凶作で困窮した村人のために、私財を投げうったため、没落の危機に陥ってしまったという。つまり久左衛門は、地域社会の福利厚生に生涯をささげた人物だったことがわかるのである。

右に述べた喜助や久左衛門のような人々の尽力によって、千歳峠越えの道が整備され、旅人の往来が次第に容易になっていった。江戸時代後期には、全国的に喜助や久左衛門のような人々によって、各地の難所が整備されていったのである。

旅行難民の迎えについて

村送りが困難な未成年者などの旅行難民に対しては、どのような対応がとられたのであろうか。この問題を次に考えてみよう。

未成年者への対応

六五ページのはん（一八歳）の場合、矢代宿の名主《なぬし》らから江川浦庄屋らに宛てた用状に、「娘おはん殿は若年で、手放ち出立させがたいので、慥《たし》かなる仁を迎えによこすように、ただし印鑑を書状に封じ込めるので、御迎え人はこの印鑑を御持参下されたい」とある。はんが若年で村送りが難しいので、身許《みもと》確認のために印鑑を送って、身許のしっかりした者を迎えによこすようにと求めていたことがわかる。

紀州藩でも右のような事例はかなりみられた。たとえば、『田辺町大帳』では、享保十五年（一七三〇）、天明七年（一七八七）、文久二年（一八六二）にみえ、『田辺万代記』では、文化三年（一八〇六）、文化十二年、天保九年（一八三八）などにみえる。しかし、紀州の者が領内で難渋した場合は迎えを求めることがあったが、他国の旅行難民については、原則的に幼児でも村送りにしていたようである。

天保二年九月、信濃《しなの》から来た親子三人の順礼のうち、母親が口熊野《くちくまの》で死去し、父親もまた田辺の湊村で死去したため、残された娘を村送りにするにあたって渡した「送り一札」に、「女子一人になったので、その様子を役所に申し上げ、送り出す、ただし荷物を改めたが路用の貯えなどもなく、小児なので御憐愍《れんびん》の御心添え」を願うとあり（『田辺万代記』）、小児であることを強調して、途中での憐愍を要請している。また、文化三年十一月、紀州有田郡次谷村から来た母子二人のうち、母親が死去したため、娘を村送りするにあたって渡した「送り状」に、「娘いそは元来瘴聾《しょうろう》で若年、そのうえ一人歩行が難儀なのに、なお帰りたい模様なので、その様子を役所に達したうえで送り出す」（『田辺万代記』）と記して、耳が不自由で若年だが、本人が帰りたい様子であると付け加えて送り出している。

さらにまた、特別の措置がとられることもあった。天保五年十月二十四日、「口熊野三尾川村磯八娘ふく」が「摂州桑原村」から送られてきた際、村送りのはずだが、ふくは幼年のうえ病気で、村送りでは日数もかかり難儀なので、定まりの賃銭をもって伝馬継《てんまつぎ》で送りたいという「口熊野御代官」の通達で、宿駕籠《しゅくかご》一挺《ちょう》を規定の賃銭で継ぎ立てたというのである。

幼年者の迎え　では、こうした幼児などの旅行難民が出た場合、諸藩ではどのような対応がとられていたのだろうか。こうした場合の早い例が『姫路市史　第三巻　本編近世二』に掲載されている。それによれば、元禄十一年（一六九八）七月に、揖東郡《いっとう》入野村（龍野市）一郎兵衛の妻とその娘が「ぬけ参宮」（伊勢神宮への抜参り）に出かけたが、妻が河内国《かわちのくに》守口（大阪府守口市）で死去したため、入野村の庄屋と一郎兵衛、妻の兄の三人が娘を引き取りに来たという。瀕死の妻が守口町の堤《つつみ》で発見され、町役人が幕府の代官に届け、菅笠《すげがさ》の書付と六歳の娘の供述で、二人が「ぬけ参り」と判明し、国元に連絡して娘が引き取られたのである。

また、鳥取藩には、親が死去したため、親類が子供を引き取りに赴いた事例がかなり多く認められる。そのうちの早い事例を紹介しよう（「在方諸事控」）。

寛保二年（一七四二）六月、因幡国八東郡《いなばのくにはつとう》糸白見《いとしろみ》村の長九郎は、美濃国大垣《みののくにおおがき》で死去し、悴《せがれ》十太が残された。大垣町惣年寄《そうどしより》はこの旨を大垣藩役所に届け、藩役所から江戸の留守《るす》居《い》に伝え、江戸留守居はさらに鳥取藩江戸留守居に連絡した。そして、鳥取藩江戸留守居から国元へ、「糸白見村の者であるか調べよ、受け取りに遣わした例があれば、先格（前例）があるはずなので、得と吟味を遂げて申し上げよ」と、長九郎の身許確認、および先格の取り調べを指示した。国元では、糸白見村に長九郎の身許確認をするいっぽうで、「先格として橋詰村五郎兵衛が、永井伊賀守殿御領で果てた節の取り捌《さば》きなどの書付を申し上げ、このたびもそれに准じ」処置することになった。その後、長九郎の親類など二名が、大庄屋《おおじようや》・宗旨《しゆうし》庄屋両名連署の大垣町御役人中宛の礼状を携えて大垣に出向き、長九郎の親類からの御礼金六〇〇疋を進上した。大垣町惣年寄二名も、領主からこの間の事情を報告するように申し付けられ、鳥取藩の大庄屋・宗旨庄屋宛の用状を送っている。そして、鳥取藩の国元では、大垣から帰国した両名に、大垣城下の様子、十太の世話、奉行所役人や医師などについて細々としたことまで聞き出し、書付に残している。

右の記述から、鳥取藩では、寛保二年以前すでに前例がありそれをふまえて問題を処理し、身許確認などは領主が介在して行なっていたことがわかる。鳥取藩では、右のほかに同様の事例が一八件あり、河内、丹波《たんば》、土佐、阿波《あわ》、大坂、伊予《いよ》、安芸《あき》、和泉《いずみ》などへ出迎えに行っているが、幼児の出迎えがほとんどである。つまり、幼児の場合、村送りが難しいため、出迎えという方式が村送りの代わりに採用されていたことが知られるのである。

幼年者迎えの手続き

ところで、江戸時代後期になると、身許確認から出迎えにいたる手続きが次第に整備されていく。そこで、この間の手続きがかなり詳細にわかる田辺領の事例を次に紹介する（『紀州田辺御用留』）。

嘉永六年（一八五三）二月、阿波藩（徳島県）大坂蔵屋敷から紀州藩大坂蔵屋敷に、往来手形で身許確認をしたうえで、田辺領新庄村兵吉妻つきが死去し、娘さよが残された旨の連絡が入り、幼年で一人での帰国は難しいので、迎えを要請してきた。そのため、紀州藩大坂蔵屋敷から国元へ連絡が入り、さらに国元の役人が田辺の領主安藤氏に、村方を調べ、相違がなければ、早々迎えの者を差し遣わすようにと伝え、同時に、

一、右迎えの者が出立する前日に申し出る事
一、迎えの者は一旦和歌山御勝手方へ罷《まか》り出、指図を受け、評定所で添え翰《ふみ》を受け取り罷り越す事
一、先方へ会釈《えしゃく》の品を用意する事

と指示した。

田辺領では、大庄屋田所左衛次がさっそく調査し、新庄村の者と確認したうえで、「同人はもちろん親類も大変難渋者なので、大坂表で引き渡しが最善だが、それは千万恐れ多いため、村方より世話してやり、阿波国入田村まで親類の者を迎えに差し遣わすとの旨を、同村庄屋が申し出た」との請書を代官に提出し、親類伝松が引き取りに出立することになった。

以下、伝松の出立（十月五日）から帰国（十月二十一日）まで長文にわたるので、道順を

中心に矢印を加えて、迎えの手続きをみていく。

新庄村↓和歌山安藤氏屋敷↓紀州藩役所↓安藤氏屋敷↓大坂天神橋紀州蔵屋敷↓阿波藩蔵屋敷（帰りは直接紀州へ向かいたしと申し上げるも、阿波藩徳島役所で申し上げるようにと回答、また「阿波藩徳島役所御状および御切手下さる」）↓大坂ざこ場より淡路しずきへ↓淡路フクラ番所（御切手差出）↓撫養《むや》に上陸↓徳島役所（御状を渡す、「その方は右さよとはいかなる親類か」とか「その方は当所の勝手をよく承知か」と御尋ね、そして「侍衆を案内に御差し添え」）↓入田村（御礼、すぐに出立）↓徳島役所（帰りは直接紀州へ向かいたしと申し上げ、「その旨は大坂蔵屋敷へこの方より通達しよう」との回答）↓撫養↓紀州加田浦上陸↓和歌山安藤氏屋敷↓和歌山表役所↓安藤氏屋敷↓新庄村

右の事例は、田辺領の安藤氏が介在しているため、本藩の領民にくらべて手続きがやや煩雑になっている。一般的には、安藤氏の部分を削除した手続きが必要だったのである。なお伝松は、会釈の品として、「菓子」「酒券」「銀」「饅頭《まんじゆう》」を持参し、「大坂阿波藩蔵屋敷」「入田村御役手」「さよが世話になった筋」、入田村「歩行《かち》」および「案内に御付添い下された御方」に手渡している。伝松は、村方よりの世話で遣わされたことから、右の出費や旅費はおそらく村入用《むらにゆうよう》（村落運営費）として計上されたと思われる。

藩屋敷を介した迎え体制

右の事実から次のことがわかる。すなわち、一般的に他国の旅行難民が確認された場合、身許確認の問い合わせをし、幼児などの出迎えにあたっては、各藩の大坂蔵屋敷や江戸藩邸、あるいは京都屋敷などが介在していたことである。諸藩の出先屋敷が、現代の大使館や領事館の役割を担っていたといってもよい。そのため、問題の処理は、領主間の交渉が比較的容易な場所を選んで行われたことがわかる。近世の社会では、領民の保護が領主にとって名目上重要な役割であったので、ある意味では当然の職務遂行ではあった。しかし、旅行難民が多くなれば、領主にとっても相当な負担になったことが推測できるのである。

地域財政を圧迫する負担の増大

夜中の村送りをめぐって

加賀藩の事例で述べたように、夜中の村送りが問題視され、早くからその是正が主張されていたが、その後もくり返し問題になっている。まず田辺領の事例からみていこう。

享和三年（一八〇三）六月五日、郡方役人小出与右衛門から次のような通達が出された（『田辺万代記』）。

他所者《よそもの》が病気のため、村送りを願い出ての送り出しや、上下《かみしも》より同様に送り来たった場合、村方より夜になってから送り出す村方もあるように聞いている、元来は病気で、願ったから送り出したのだから、夜に送ることはないはずだ、今より右のような対応はせず、先の村で暮に及ぶように思われたら、送り出さず、その村に止め、翌朝先き

村へ送り渡すよう取り計らうように

郡方役人が、夜中に村送りする村方があるという噂を聞いて、これを禁止している。本来は病気回復後の村送りが規則で、病中の者はしないのが原則だが、本人の強い希望で病中でもするのだから、夜間の村送りなど許されるはずがないというのである。

右に関して、次の記事が参考になる。大庄屋田所八郎左衛門は、寛政七年（一七九五）八月二十一日に、郡方役所へ提出した「口上」で、「美作国《みまさかのくに》（岡山県）から来た西国順礼の夫婦連れのうち、夫が病気で下浦々より送られてきた、夜前は不塩梅《ふあんばい》だから、西ノ谷村で一夜を明かせ、今朝芳養《はや》に送り遣わしたところ、途中で死去したから、連れ帰ってきたと申し出たので、御断り申し上げる」と述べている（『田辺万代記』）。

村送り中の旅人が途中で死去する右のような事例は、各地でみられるが、ここで問題なのは、西ノ谷村から芳養村へ向かう途中で死去しているのだから、出立の時にはかなり弱っているとわかっていたであろうにもかかわらず、村送りが強行されたことである。本文では一応「夜前は不塩梅だから」とあって、夜間の村送りが回避されているかのごとくだが、文字どおりには受け取りにくいのである。おそらく、夜遅く到着し、深夜は止め、夜明けを待たずに出立させたと推測される。そうした状況をふまえて、「先の村で暮に及ぶように思われたら、送り出さず」と、次の村に到着する頃に日暮時になるようであれば、その村に止めよと通達されたことがわかる。次村への村送りが急がれたのは、宿泊させれば、その分の食事代など諸経費が村の負担になったからである。

右のような事情からか、次のような「添状」が渡されることがあった。文化十三年（一八一六）三月、讃岐国《さぬきのくに》（香川県）三木郡池戸村の半五郎女房とよは、同行の「法尼」妙《みょう》翫《がん》と田中村いせの三人で、往来手形を携帯して西国順礼に出発した。ところが、とよは、丹波国《たんばのくに》（京都府）福知山の堀村で病気になって歩行できなくなり、村送りを願い出た。堀村では往来手形を確認して、四月十日付の「送状」を作成し、国元へ送り出した。その際、堀村の庄屋善四郎は次のような添状を渡している（『堀村代々庄屋記録』）。

前紙で頼んだ右病人を御送り下さる際、昼夜通行では同行の道連れが困ると願い出たので、できることなら、何卒《なにとぞ》夜分の所は休息などさせて下さるように、この段を願い申す、そのお願いのため添状を認める

堀村の庄屋は、同行の者が夜分の休息を願ったので、そのように願いたいとの添状を送状とは別に渡したことがわかる。昼夜通行がかなり常態化していたと思われるのである。

旅行難民救済にかかる出費

ちなみに、自弁できない貧窮した旅行難民の世話にかかる諸入用は、幕府の規定によれば、享保二十年（一七三五）に「宿中割合」、明和四年（一七六七）に「宿割村割」と定められている。しかし、加賀藩では、

藩から支給されていた。田辺領でも、最初は領主から支給されていた。ところが、田辺領では、宝暦三年（一七五三）四月に、旅行難民が湊村と北新町の境で生じた際、町奉行所から「順礼賄《まかな》いは湊村よりいたし置き、諸雑用の半分は町より出すように」と仰せ付けられている（『田辺町大帳』『田辺万代記』）。田辺領ではこの頃から、領主ではなく、町や村で負担するようになっていたことがわかる。

しかし、旅行難民の世話や村送りにかかった諸経費が具体的にわかる史料は少なく、田辺領での経費負担がどのような変遷をたどったかを詳細にあとづけることは、現在のところ難しい。ただ、天保十一年（一八四〇）にはじまる『紀州田辺御用留』は、「その時その時の文書などが綴られたまま」（『田辺市史　第二巻』）で、整理されていなかったためか、村送りなどの経費が具体的に記された史料が残っている。そうした史料を使って、江戸時代後期の村送りに要した費用について考えてみよう。

天保十四年十一月、「加州（加賀国）中石川郡福留郷粉川新村利兵衛悴《せがれ》重兵衛」は、諸国神社仏閣拝礼の途中、湊村で足を痛め歩行困難になり、何とか帰村したいと村送りを願った。湊村では、本人が往来一札《おうらいいっさつ》を携帯していたため、役所へ達したうえで、粉川新村まで所々村々御役人衆宛の送り一札を重兵衛に渡して、国元へ送り出した。送り一札には、「路用の貯えもない体《てい》に見えるので、御憐愍《れんびん》を加え御心添えられ早々罷《まか》り帰れるようにしてほしい」とあり、重兵衛が無償で村送りされたことがわかる。この時の諸経費は次のとおりである。

覚　　　　　　　　　　　　　　　　湊村

十一月朔日より同三日夕まで

一、米一升七合五勺《しやく》　支度賄

一、銭一匁《もんめ》　薬王丸二服

一、同六分　ふり出一服

一、同九匁六分七厘　加籠《かご》一丁板入用

内

二匁一分七厘　ぬき一丁たるき二丁

二分四厘　四寸釘十二本

一匁六分　六寸竹四本

八分　縄代

二匁　素人工一工

六分　一枚

〆

右は当月二日に御届け申し上げた加州中石郡福留郷粉川新村利兵衛悴重兵衛について、病気のため村送りする加籠ならびに薬代の入用で御座います、追って小入用立へ御加判をして下さるよう願い上げます、以上

十一月二十四日　　田所弥三左衛門

御代官所

右の記事から、重兵衛は十一月朔日に湊村で歩行困難になり、翌日には村送りの願書が役所に出され、同三日夕には湊村を出立したことがわかる。村送りがシステム化され、短時間で出立できるようになっていたのである。

右の三日間の経費の内訳が「覚」の内容である。支度賄が食事代、薬王丸やふり出は薬代である。重兵衛は特に重病ではなかったので、この分は比較的少ない。次に加籠一丁板入用以下は、重兵衛を村送りするために使用した駕籠《かご》を湊村で拵《こしら》えた時の費用である。素人工とあるように、村人が即席で使い捨ての駕籠を作り、送り出したのだろう。右の経費は、追って小入用立とあるように、後日村入用として計上された。右の事実から、旅行難民の世話や村送りにあたって、町や村単位で相当の出費があったことがわかるのである。

明和令以後の村送り問題

幕府勘定奉行の裁定

紀州藩以外では、村送りはどんな問題を抱えていたのだろうか。幕府は、文化七年（一八一〇）四月に、勘定奉行《かんじょうぶぎょう》水野若狭守忠通《ただゆき》が、「継《つ》ぎ送りの病人を継ぎ戻す村々咎の事」として、次のように「下知」した（『徳川禁令考』）。

甲州道中駒飼宿《こまかいしゅく》の役人は、勝沼《かつぬま》宿から送り出した病人が支配役所へ申し立て、指図のうえ、継ぎ出せとの趣の書付を所持していたから、次村へ継ぎ送るべきなのに、往来手形および支配役所よりの添え書付を所持していなかったので、受け取り難いと心得違いをし、差し戻した始末が不埒《ふらち》だとして、急度《きっと》叱り置きとなった

勝沼宿役人も、宿内に止宿の旅人が病気の場合、支配役所へ申し立て、宿村送りに継

ぎ出すのであれば、指図の趣などを委細に添え書きし、次村へ渡すべきなのに、認《したた》め方が不行届《ふゆきとどき》ゆえ、駒飼宿より継ぎ戻す始末となり、不埒だとして叱りとなった

また、鶴瀬《つるせ》宿役人や初鹿野《はじかの》村枝郷横吹百姓代又兵衛母はつは、駒飼宿が病人を受け取らない場合、得と子細を糺《ただ》すべきなのに、継ぎ戻したのは、又兵衛がこれまで申し付け方に不行届があったためで、このような始末になったのは一同不埒として叱りとなった

さらに黒野田《くろのた》宿役人は、病人継ぎ立ての件で、駒飼宿より問い合わせがあった際、十分に糺しもせず、心得違いの挨拶に及んだため、駒飼宿で手違いな取り計らいになった、不念ゆえ、急度叱りとなった

右の一件は、支配役所に届け出、許可を得て宿村送りに出したにもかかわらず、往来手形や支配役所の添え書付を所持していなかったとの理由で、送り戻しが発生した際、幕府の勘定奉行が出した結論である。こうした事件は、明和令以後、各地でおこっていた。

享和二年（一八〇二）に、東海道筋で次のような事件がおこっている（『刈谷町庄屋記録』）。

「三州《さんしゅう》（三河国）鹿嶋《かしま》村」で、「勢州《せいしゅう》（伊勢国）桑名《くわな》」の四人の者が、善光寺《ぜんこうじ》参詣に出て足を痛め、三月八日から三日間逗留《とうりゅう》した。村では仕方なく、駕籠《かご》で村継ぎに送り出し

たが、「藤川宿」で送り一札《いっさつ》がないといって受け取らず、送り戻されてきた。しかし、四人が何としても帰国したいと願ったので、三月十五日付の送り一札に右の事情を書き、どうか御慈悲に勢州桑名まで村継ぎで送っていただきたいと書き加えている。かくてようやく藤川宿を通り、三月十八日に刈谷町に到着し、「熊村」へ送られている。

尾張藩の指示

右のような状況のなかで、尾張藩《おわり》は、幕府の文化七年（一八一〇）の裁定にこたえるかたちで、文化八年に、明和令を前文に掲載したうえで、次のような触《ふれ》を出した（『一宮市史　史料編7』）。一条目では、

近来取り計らい方を心得違いし、病気が差し重なり間もなく絶命に及ぶほどの者でも療養も加えず、その所の厄介を遁《のが》れるために、早々次村へ送り遣わし、または重い病人なので受け取り難き旨を述べて継ぎ戻し、かれこれ譲り合ううちに病死させる者が追々ある、不埒の事なので、それぞれ咎を申し付ける、右については前条の触書を急度守り、旅人が煩《わずら》った節はこれまでのとおり早々に医師にみせ、療養を加え、その段を役所に申し出、宿村送りを頼んだ場合は、これまた申し出、指図に任すように

と述べ、明和令を遵守すべきことが説かれ、二条目では、

海道筋・脇道とも、往還へ村々の地先《じさき》が懸る場合、その村方でも継ぎ立てると聞いている、そうであれば継ぎ送り方も遅々に及ぶので、今後、海道筋は宿方で継ぎ立て、

　脇道は郷内の往還へ懸る村々で継ぎ送るように
　　ただし、他領より最寄の御領分村々へ送り来たった節は、宿場などへ差別なく病人
　　を受け取り、それより送り方のことは本文のとおり心得るように

とする。これまでは、海道筋や脇道で宿村送りした際、途中の村々の地先、つまり、村々の私有地に入った場合、その村で継ぎ立てをしていたため、継ぎ立てが頻繁になって、継ぎ送りが遅れがちになってしまっていた。今後は、海道筋はすべて宿場のみで継ぎ立て、脇道は、郷内往還に関わる村でのみ継ぎ立てをするように指示した。継ぎ立ての方法に領主が注文をつけるようになったのである。

　さらに三条では、食事などの世話や、日暮になったら留め置き、翌朝に継ぎ送りするよう指示し、四条では、病気が重くなった旅人は、いっさい送り戻しするなと指示している。この触は、尾張藩の「御勘定奉行衆」から代官に指示され、代官から宿場や村々に触れ出されたのである。

　尾張藩では、また文政十年（一八二七）に、送り一札が支配役場などへ伺い済みになっているか不明な場合の対応について指示し、さらに天保四年（一八三三）には、送り状に不備があって、改めて送り状に添え書きして継ぎ送りする事例が「近来数多《すた》」になっている現状認識をふまえ、代官が村役人に隣村や他領の村役人にあらかじめ対応策を懸けあう

よう指示している。宿村送りの問題は、右のように明和令以後も続いたが、特に他領と関わる場合に紛争になった。この問題を次に考えていこう。

藩領を異にした紛争の処理

田辺領は、紀州藩の一部で他藩領と接していないので、村送りなどの際、他藩と面倒な事態が生じることはなかった。だが、村送りが藩領を越えて行われた場合、村送りに対する地域社会の考え方の相違や、さまざまな利害が絡んで、紛争が生起する可能性は高かった。そこで以下では、藩領を異にした紛争の事例を紹介しながら、どのようにして解決されたかをみていく。

鳥取藩領と幕領の境での紛争

天保四年（一八三三）四月三日、因幡国《いなばのくに》八上《やかみ》郡袋河原《ふくろがわら》村で春から病気養生していた備後国《びんごのくに》（広島県）能登原《のとはら》村の善兵衛が、両足が不自由なため村送りを願い出た（「在方諸事控」）。善兵衛は往来手形を携帯していなかったが、親類などたしかな段を申し、御郡役人より送り出したい旨の上申があったので、村送りが許可されて、智頭《ちず》街道を南へと出立し、智頭から備前《びぜん》街道を通り、津山《つやま》へと向かった。

ところが、鳥取藩の奥早野《おくわさの》村から黒尾峠《くろおとうげ》（馬桑峠《うまくわ》）を越えた幕領の馬桑村で受け取り拒否にあってしまった。奥早野村は、袋河原村への送り返しを郡方役所へ届けたが、郡役所は、明和年中に公儀より仰せ出された趣があるので、どのような訳で受け取らないのかを馬桑村に懸けあうように指示した。これに対して馬桑村は、

当国では往来手形を所持しない者は、いかほどに病人が願書を認《したた》め村役人へ願っても、取り扱い申さずと郡中で申し合わせた、このたびの場合もそちら様より、いかように仰せ付けられても、この筋へは通さない、なおこのうえ生野御代官所へ御懸けあいになり、私共を御呼び出しになり、御糾明を仰せ付けられても、すぐには承諾できない

と、往来手形不携帯の者は村送りしない旨郡中で申し合わせがあると回答し、強硬な態度を示した。鳥取藩は、右の回答を聞き判断不能になったため、鳥取藩江戸留守居《るすい》へこの間の事情を詳細に伝えて、公儀《こうぎ》（幕府）への問い合わせを依頼した。江戸留守居は、明和令の写しに次のような「付紙《つけがみ》」をつけ、公儀の判断を待つことになった。

一、往来手形は携帯していないが、身許《みもと》はたしかな者で、病気は快方に向かうも、歩《ほ》行《こう》困難なため、ぜひ国元へ継ぎ送ってほしいと願ったら、村役人の書面を添えて送

り出してよいか、もし幕領や他領で差し支えがあった場合はどうしたらよいか

一、継ぎ送りが駄目な場合はどうしたらよいか、遠国の旅人の場合はどうか

一、継ぎ送りが駄目で、かつ勘当《かんどう》や帳外《ちょうはず》れになっている者の処置はどうか

勘定奉行で道中奉行を兼任していた土方出雲守勝政《ひじかたいずものかみかつまさ》は、鳥取藩江戸留守居からの右の問い合わせに対して、「朱書」で次のように回答してきた。

勘定奉行の回答

書面の病人が歩行なりがたきうえは、快気とはいえないので、領主へ届けたうえ、村送りは、初ケ条のとおり取り計らってよい、そのほか旅人が煩《わずら》った節、早速の快気がない場合は、明和四亥年御触のとおり、その者の在所の村役人などへ申し遣わし、親類を呼び寄せ対談のうえ、相手の存じよりに任すべきで、親類や身寄りがない者は、村役人か組合のいずれかがやってくるべきで、帳外者などであれば、その節に取り計らい方は別段問い合わせるように

往来手形を携帯していなくても、身許が確認でき、かつ領主への届があれば、村送りしてもよいというのである。明和令が、「懐中に、往来手形があるか糺《ただ》せ」とあって、往来手形を携帯していない者の取り扱いを特に規定していなかったため、右のような紛争が生起したのである。

さて、土方勝政の回答をうけ、鳥取藩はさっそく奥早野村の役人から馬桑村の役人に道中奉行の意向を伝えて、再度懸けあった。ところが、馬桑村は、道中奉行の意向を承知したうえで、なお、次のように返答した。

いくど御懸けあいしても、生所の往来手形などを所持しない送り者は、この方へは通し申さず、なおまた、明和年中に御公儀より送り者の儀は仰せ出されたとの御趣意をもとに、御役場御聞き済しのうえ送り出すよう仰せ聞かされたとのことだが、私共は新役で、生所の往来手形などがなくても、取り扱うべきだとの筋は承知していない、このうえは支配御役所へ御召し出しのうえ仰せ付けられれば、その筋の意向に任すので、左様御承知下されたい

「私共は新役」、つまり、自分たちは明和年中に役についていないから、明和令の内容は知らないので、現在の郡中での申し合わせに従うのみだというのである。そのうえで、支配御役所へ御召し出しのうえ仰せ付けられた場合は、その意向に従うと開き直ったのである。

鳥取藩国元はこの事態に困り、再度江戸留守居に懸けあい、生野代官所から馬桑村へ急度申し付ける旨の回答を受け、ようやく七月晦日、大庄屋へ早々送り出すように伝えたのである。この間四ヵ月近くかかっている。

馬桑村が強硬に受け取りを拒否した理由は、次のような事情があったからである（『岡山県史　第二十五巻　津山藩文書』）。すなわち、先年「作州《さくしゅう》（美作国）久世村《くせ》」の者だといって、因州《いんしゅう》より村送り病人が継ぎ送られてきたところ、久世村の者でなく、迷惑に及んだため、久世村より新野東上村へ連絡が来て、右村から最寄の村々へ廻状を差し出し、胡乱《うろん》（怪しく疑わしいこと）の村継ぎ病人は継ぎ送らないことを申し合わせたからなのであった。国元を偽った旅行難民の事例は、文化・文政期頃から各地で知られ、さらには、偽往来手形と思われる場合も多くなっている。そうした場合、旅行難民の送り出しと送り戻しがくり返され、街道筋の村々の迷惑になっていたのである。

たとえば、「在方諸事控」嘉永六年（一八五三）正月十一日条に、「御郡中村々通行の旅人が煩った節、取り計らい方は、かねて御法があるのに、近来あいだには不束《ふつつか》の送り出し方をし、次村での受け継ぎ方でいろいろ面倒がおこり、厄介な出費を引き受け、難渋する村々もあるので、以後は受け継ぎの村々は、不束の筋がある場合は、過料として死去時の入用銀辻を割符し、差し出させる」とあり、事実この前後には送り出しと送り戻しがくり返され、死去した例が多く掲載されているのである。

ともかくも、馬桑村は、生野代官所から旅人に関する心得方について仰せ渡され、「請書」を提出するとともに、善兵衛の村送りが円滑に進むように「添書」を渡しており、これで一件落着となったのである。

だが、問題はそれほど簡単ではなかった。翌天保五年（一八三四）四月、安芸国《あきのくに》（広島県）下宗近村の周蔵が、津山藩領の東一宮《ひがしいちのみや》村で病気になり、歩行困難なため村送りでの帰国を願い出た。周蔵は往来手形を携帯していなかったが、身許は相違がない趣なので村送りになった。しかし、送り出してまもなく、「古河《こが》領皿《さら》村」（「龍野御預所」）が受け取りを拒否し、津山藩領古城《ふるじょう》村に送り戻してきた。津山藩は、前年の馬桑村一件を持ち出し、「右送り者も備前路右二ヵ所を通り、送り出したもので、今度の義も同様に取り計らうようにしたい」と述べ、古城村から懸けあわせた。だが皿村は、「去巳《み》秋の送り者は、公儀まで伺ったうえで送り来たったので継ぎ送ったが、それ以外に、これまで往来手形を携帯しない者を継ぎ送ったことはない、右の手形がない者を継ぎ送っていては際限がない、かつ、村方で死去した節いたし方もない、ただし今度も御上様より仰せ付けられれば余儀なく継ぎ送る、左様でなくては受け取れない」と、上様よりの命令なら仕方がないが、往来手形を携帯していない者の継ぎ送りは際限がなく、ましてや村方で死去した場合、いたし方もないため拒否するというのである（『岡山県史　第二十五巻　津山藩文書』）。そのため、津山藩は龍野役所に懸けあい、龍野役所から直接皿村へ命じてもらわねばならなかった。村送りの増加が街道筋村々の負担増を招き、反発が強まっていたのであろう。

さらに、嘉永四年十月、近江国《おうみのくに》（滋賀県）土山宿の弥助が、因幡国田嶋村で病気になり、歩行困難のため村送りを希望した。往来手形は不携帯だが国元に親類がいるとのことで、郡方役所へ申し達して送り出した。しかし、播磨国《はりまのくに》大畑村（「脇坂淡路守様御預り所」）が受け取りを拒否した。理由は、次の村より受け取らないので、差し返すということであった。その後、弥助は歩行可能になり、自力で出立した。だが、鳥取藩は、

以後《いご》右などの義がある際、送り申さなくては差し支えになるので、天保四巳年右弥助同様の義があり、明和年中に公儀より仰せ出された趣もあるから、江戸表御留守居へ問い合わせ、公辺伺いをし、往来手形の有無に拘《かか》わらず、領主へ申し届け送り出した場合は、いささかの滞りもなく継ぎ送るようにとの御付札を頂戴しているので、右仰せ出しの趣をもとに、以後右等の義がある節、差し支えなく継ぎ送れるよう、相手方御役人へ御郡奉行より懸けあう

と、今後のために、往来手形不携帯でも領主へ申し届けて送り出した場合は、滞りなく継ぎ送りせよ、との幕府道中奉行の「御付札」を引き合いに出し、相手方役人と交渉して、承知の旨の返答を引き出したのである（「在方諸事控」）。

以上の事例から、天保四年の幕府裁定が、右のような紛争の処理にあたって、先例として有効な機能を発揮していたことがわかる。少なくともこの地域では、往来手形の有無に

かかわらず、身許確認ができ、領主に届け出て送り出した者は村送りせよ、という幕府の判断が、その後重要な意味を持つことになった。つまり、右の幕府の裁定が、村送り体制をいっそう前進させたと評価できるのである。

パスポート体制の終焉

鑑札への移行に失敗

尾張藩では、明治三年（一八七〇）に「郡中御制法書」を出した。そこでは従来のパスポート体制に関して、次のように記されている（『一宮市史資料編9』）。往来手形に関しては、「用事あるいは神社参りで他国へ出る者は、その段を願い出、許状《ゆるしじょう》を受け、庄屋より往来券をもらい罷《まか》り出る事」とあり、天保十四年（一八四三）の幕令に従った規定がされている。旅行難民救済に関しては、「往来の者が怪我や病気、飢渇《きかつ》などで煩《わずら》った場合、医師へみせ十分に介抱して遣わすように、もし歩行も叶わない時は、その者の在所を承《うけたまわ》り、村送りで送り届けるか、または迎えを呼ぶか、病人の申し分を聞いて伺い出、役所の指図に任すように、もし病死した時は、その者の道具などが紛失しないように封印して、在所へ懸けあう事」と、これまた旧幕時代を踏襲していたことがわかる。では明治政府はどうであろうか。

明治政府は、明治四年六月十七日、「行旅の輩が病気などの節の取り扱い方は、後日御規則を仰せ出られるまで、従前の仕来りに従って別紙のとおり定めたので、この旨を心得る事」という太政官布告《だじょうかんふこく》を発し、別紙で次のような「規則」を提示した。

この「規則」は全五条からなっている。しかし、たとえば第一条が「旅人ならびに旅稼ぎの者が、病気などで進退なりがたき時は、所役人が申し談じ、その所に止宿させ、医療の手当を差し加え、鑑札《かんさつ》を改めて、その筋へ届け、かつその者の在所などへの文通、その他相当の用弁は取り計らってやるように、もちろん路用の有無で不実の扱い方をしてはならない事」とあるように、往来手形を鑑札とするなど、表現に若干の差異はあるものの、内容は幕府の明和令をほぼそのまま踏襲したもので、同様のことが全五条にわたっていた。

ちなみに政府は、同年六月十日に、「先般戸籍法を御布令になったので、寄留旅行などの者へ管轄地方官より渡す鑑札の寸方書、左の雛形《ひながた》のとおり心得る事」と、寄留旅行者用の鑑札配布を決定しており、この鑑札によって従来の往来手形に代替させようとしたことがわかる。だが同年七月二十二日には、早くも「寄留旅行の者へ鑑札を渡すべき旨、かねて達し置いたが、その儀に及ばないので、さらに達する事」という太政官布告を出して、鑑札の配布をやめている。

翌五年八月十五日には、「寄留旅行者の鑑札は、辛未《かのとひつじ》（明治四年）七月中に廃止されたが、各管轄庁または所役人より従前に渡してきた印鑑証書などはそのままにしている向もある、殊《こと》に印鑑のない者は行旅に差し支え不都合の趣に聞えるので、以後は従前に渡してきた分も廃し、無印鑑での旅行が差し支えないようにする事」という太政官布告が出された。

右の布告にある従前に渡してきた印鑑証書は、おそらく往来手形をさすのであろう。つまり、往来手形が明治政府の鑑札廃止後も発行され続け、かつ印鑑のない者は行旅に差し支え不都合な状況が続いたのである。往来手形によって身許証明するという、江戸時代以来の慣行がなお継続していたことがわかる。そのため明治政府は、往来手形をすべて廃止し、今後は、国内旅行にあたって、身許証明書の携帯は不必要だと宣言するにいたったのである。明治政府の「管轄地方官」（府藩県）が鑑札によって寄留旅行者を直接把握しようとした政策が失敗したため、江戸時代以来の往来手形を容認するわけにもいかず、結局、旅行難民保護の責任を放棄して、身許証明書不用のいわば自由旅行を認めることになったのである。

その後、行旅死亡人の出費にかかる規則変更が何度かくり返されたあと、明治十五年九月三十日に、太政官から全五条にわたる「行旅死亡人取り扱い規則」が出され、同日付で、

「明治四年六月十七日布告行旅病人取り扱い規則」が廃止された。かくして、江戸時代にはじまったパスポート体制は、名実ともにこの時点で廃止になったのである。

国内旅行は自己責任へ

ところで、『和歌山県誌』によれば、明治五年（一八七二）八月に、次のような「布達」が出された。

四国順礼または金毘羅《こんぴら》参りなどと唱え、病身また貧窮の者が旅費の手当もなく、猥《みだり》に旅に出て、なかには出先で死亡にいたる者も時々ある、甚《はなは》だ不都合である、今より正副戸長が精密に取り調べ、旅費手当のなき者ならびに婦女子子供の一人旅は、決してさせてはならない、もし不埒《ふらち》の事があれば、所役人や親類、伍組などまで処罰する事

四国順礼などにあたって、今後は旅費の手当をしたうえで出立させ、婦女子子供の一人旅はさせるなどというのである。違反した場合、所役人や親類などまで処罰するとされている。縁座や連座の精神が生きていたことがわかる。右の「布達」は、いわゆる乞食順礼の横行を禁止したものだが、同時に、寺社などの参詣者に自己責任を求めたことがわかる。明治政府のなかで新しい近代的な考え方が成立し、他方で、交通や通信施設が整備されることで、明治十五年にいたって、江戸時代の村送り体制がその役割を終えることになったのである。

パスポート体制の恩恵から除外された人々

近世のパスポート体制は、明和令によって、往来手形携帯者が村送りされるようになったことで成立した。それは、元禄令や享保令が、各藩の旅行難民対策にあたって、必ずしも統一的基準になっていなかったのに対して、明和令がその後、多くの藩で書き留められ、各藩の旅行難民対策の基準になっていったことから確認することができる。

天保期には、村送りの激増と偽往来手形の横行という事態のなかで、往来手形不携帯者であっても、何らかの手段で身許証明でき、その地の領主が村送りを承認した場合は、村送りしてよいという幕府の裁定が出された。幕府は、村送りの激増のなかで、往来手形の携帯を原則にしつつ、新たな事態に対応したのだ。さらに、天保十四年（一八四三）の諸国人別改《にんべつあらた》めの過程で、幕府ははじめて往来手形発行の際、領主の承認が必要だと規定した。往来手形はこの段階になってはじめて、身許証明書としての公的な性格が認定されたのである。

かくして、往来手形の携帯を前提にしたパスポート体制は、十九世紀には、日本列島で広く一般化していった。こうしたパスポート体制は、幕末維新期の混乱のなかでも継続され、明治十五年（一八八二）に廃止されるまで続いたのである。ところで、本章ではまったく言及しえなかったが、近世のパスポート体制は、往来手形の携帯が原則であったため、発行してもらえない人々、たとえば、放浪する非人《ひにん》、乞食、義絶者《ぎぜつしゃ》などの帳外《ちょうがい》者は、その恩恵を期待することができなかった。そのため、右のような帳外者は、往来手形携帯者など身許確認ができる人々と比較した時、地域社会ではるかに苛酷な取り扱いを受けることになった。たとえば、天明や天保の飢饉《ききん》時に、右のような帳外者の行倒《ゆきだおれ》が急増していることは、そうした背景があったからなのである。パスポート体制が近世社会で持っていた意味を考察するうえで、右の問題は避けて通れない。次章以下で詳しく検討していく。

パスポート体制の影

乞食死を考える

パスポート体制の恩恵を受けない人々

パスポート体制の恩恵を享受したのは、「士農工商《しのうこうしょう》えた非人《ひにん》」といわれる身分の人々である。「えた非人」といわれ日常的に差別された人々であっても、えた村や非人村に属し、旦那寺《だんなでら》を持つ限りで、その村や旦那寺から往来手形《おうらいてがた》を発行してもらい、旅をすることができた。たとえば、『赤穂《あこう》部落文書』（赤穂市教育委員会編）には、「超念寺」が発行した天保十年（一八三九）と安政三年（一八五六）の「往来一札《いっさつ》の事」二通が掲載されている。また、文政十三年（一八三〇）に伊勢参宮し、同行にはぐれたうえ疱瘡《とうそう》を煩《わずら》い困窮していた「三吉」（一二歳）は、はじめ施行駕籠《せぎょうかご》で町送りされたが、途中「施行送りの志がない土地」で受け取り拒否にあい、送り戻された。しかし、「城州《じょうしゅう》（山城国）伏見《ふしみ》御小人丁組夜守道町」の町役人が不便《ふびん》に思い、御役所様に宿送りを願い出、送り一札を与えて国元へ送り返した。その際、「東海道伏見宿問屋」が御役所様に願い出、添書を渡している。

右の事実は、「えた非人」といわれた人々が往来手形を携帯して旅をし、困難に遭遇した際、村送りされていたことを示している。同様の事例は、紀州藩の牢番頭《ろうばんかしらけ》家文書を翻刻した『城下町警察日記』（清文堂出版）などからも確認できるのである。

では、往来手形を発行する団体に属さず、往来手形を携帯できずに流浪の生活を余儀なくされた帳外《ちょうはず》れの乞食は、パスポート体制の展開のなかで、どのような処遇を受けていたのだろうか。一般の旅人と異なるどのような旅を送ったのだろうか。この問題を考えるために、次のような課題を設定した。すなわち、往来手形を携帯した旅人が死去した場合、藩役人や町村の役人が死体の検分を行い、問題がなければ、僧侶による読経などの葬礼がなされ、埋葬された。これに対して、往来手形を携帯しない乞食が死去した場合、どのような処遇がとられたのだろうか。両者にはその処遇にどんな差違があったのだろうか。右の問題をパスポート体制との関わりで考察していく。

乞食と間違われた江戸の旅人

本論に入る前に、まず、順礼が乞食として処理された事例を一つ紹介しておこう。

『田辺万代記』の文政三年（一八二〇）三月十二日の条に次のように

ある。

口上

一、新庄村出井原という所に、年頃三〇歳計《ばかり》の男乞食が行倒《ゆきだおれ》ていた、右は非人番《ひにんばん》がよく見知っている川原者に相違ない旨を申し出た、それで勝手次第に取り置かせたく、御断り申し上げる

右の「口上」は、大庄屋《おおじょうや》の田所氏がこの時期、郡奉行に乞食の取り置きを上申する際の定型化された文言である。ところが、非人番の見立てが間違っていたことがその日の夕方に判明する。翌日新庄村の庄屋・肝煎《きもいり》は次のような新たな「口上」を提出した。まず前半は、乞食として処理した事情を自己弁護的に述べる。すなわち、男乞食が病気でふせっていたため、薬や給物《たべもの》を与えたが通さず、様子を尋ねても、「言舌」不明なまま病死した。所持品には若干の銭などあったが、往来一札などの身許証明の品はなく、「非人番がよく見知っている川原乞食に相違」がないとのことなので、その状況を申し達したところ、勝手次第に取り置くように仰せ付けられたというのである。

右の仰せ付けにいたる手続きは次のとおりである。非人番が最初に「よく見知っている川原乞食」である旨を新庄村の庄屋に申告、庄屋は大庄屋の田所氏にその旨を述べて取り置きを願う。田所氏はその旨をうけて、郡方役所に勝手次第に取り置かせたしと届ける。

郡方役所はこの田所氏の届書をうけて、田所氏に対して、勝手次第に片付けるよう申し通せと指示。田所氏はこの指示を新庄村の庄屋に申し通し、新庄村庄屋はこれをうけて非人番に取り置かせたのである。「非人番がよく見知っている川原者に相違ない」の言葉は、乞食死に対する定型化した処理文言で、必ずしも事実であったわけではない。なぜならば、次に述べるように、同日、乞食の女房が現れ、実は江戸の人であったことが判明したからである。非人番が江戸の人を「よく見知っている」はずがないことは明らかであろう。

右のような手続きが実態化した事情は、文化十四年（一八一七）正月の次のような取り扱い規定が参考になる（『田辺町大帳』）。

病死などの際、往来所持の節は丁役《ちょうやく》（町役）より病死の儀を申し達する筈《はず》、往来書なき節は、番人の取り扱いで、その段を番人より申し出、番人に片付けさせる筈（中略）、右の段を仲間で極め、その段を御支配へ申し達したところ、御聞き済しになったので、以来《いらい》右のとおり取り扱う筈

往来手形所持の死者は、町役から奉行所へ申し達し、往来手形を携帯しない死者は、番人の取り扱いとあるように、往来手形の所持いかんで取り扱いが明確に区別されたことがわかる。右のような事情のなかで、定型化した処理文言が次第に一人歩きするようになったのである。

さて、「口上」の後半をみていこう。乞食として処理したのち、連れの女房がいるらしいという風聞があり、非人番に右の女房を捜させた。その結果、女房は旦那寺の往来一札を携帯し、両人は「武州《ぶしゅう》（東京都）江戸四ツ屋町重蔵夫婦」だと判明した。女房によれば、廻国に出た後、夫が病気となったため、路用の貯えを使い果たし、当地で乞食をしていて、夫にはぐれたとのことである。この時期には、往来手形を携帯していれば、医者の治療を受け、希望すれば国元まで送ってもらえるパスポート体制が整備されていたから、夫婦はそうした援助を享受することができたはずである。夫婦がそうした救済体制を知らなかったからか、あるいは、快気して廻国を続けたかったため、援助を望まなかったからか、理由は不明だが、現実には夫の死という悲惨な結末になったのである。

なお女房は、翌日の田辺組帳書《ちょうがき》八助の「口上」に、女房たけという者は、足を痛めたため、しばらく滞留させたく、庄屋に届け出た、これを御報告する、とあるように、足を痛めたため、しばらく滞留となっている。往来手形携帯の順礼を誤って乞食扱いで処理しそうになったので、女房に対して、できるだけ丁重に扱おうとしたのであろう。

右の事例は、旅人を乞食と見誤る可能性が現実にあったことを示している。なぜ旅人を乞食と見誤り、乞食として処理しようとしてしまったのだろうか。それはパスポート体制とどう関係しているのだろうか。こうした疑問に以下答えていくことにしよう。

紀州藩田辺領の乞食死

行倒死の時期別変遷

紀州藩田辺領には、すでに活用した、近世前期から明治にいたるまで一貫した流れを追うことができる『田辺町大帳』（本章では以下、大帳と表記）、『田辺万代記』（本章では以下、万代記と表記）および『紀州田辺御用留』の三つの史料が残されている。この三つの記録によって、田辺城下および田辺城下周辺村々で、近世を通じて行倒死した乞食《こじき》の実態を知ることができる。これをまとめ一覧表④を作成した。ただし大部になるので掲載していない（興味のある方は、柴田純「パスポート体制の影」『史窓』六八号を参照）。この④では、最初の事例が天和三年（一六八三）で、最後は明治二年（一八六九）となっている。以下、④を素材にして検討を加えていく。

表5は、④の一覧表をもとに、乞食の行倒死と思われる事例を、天和三年から一〇年ご

表5　乞食死者10年ごと統計

	年　代	人数	a	b	c	d	e	f	g	h	i	j
1	1683～1692(天和３～元禄５)	3			1				1			1
2	1693～1702(元禄６～元禄15)	2										2
3	1703～1712(元禄16～正徳２)	1										1
4	1713～1722(正徳３～享保７)	1										1
5	1723～1732(享保８～享保17)	3			1	1						1
6	1733～1742(享保18～寛保２)	0										0
7	1743～1752(寛保３～宝暦２)	3				1						2
8	1753～1762(宝暦３～宝暦12)	7			1	2						4
9	1763～1772(宝暦13～安永元)	20	1			1			2			16
10	1773～1782(安永２～天明２)	15			1				1			13
11	1783～1792(天明３～寛政４)	78	7	14	6	8	8	16	5	3		11
12	1793～1802(寛政５～享和２)	20	1	1		5	6	2	1			4
13	1803～1812(享和３～文化９)	14	1	1		2	2	1		1	1	5
14	1813～1822(文化10～文政５)	21			1	6	3	5	3	1		2
15	1823～1832(文政６～天保３)	16				1	2	2	2		1	8
16	1833～1842(天保４～天保13)	271	28	73	23	40	51	33	18	1		4
17	1843～1852(天保14～嘉永５)	87	11	13	7	14	19	16	7			0
18	1853～1862(嘉永６～文久２)	80	8	16	3	11	16	15	9	2		0
19	1863～1869(文久３～明治２)	16	1		4	7	2	1		1		0
	合　計	658	58	118	48	99	109	91	49	9	2	75

注(1)：④を基に作成.

注(2)：a～jは年齢別人数. a(０～９歳), b(10～19歳), c(20～29歳), d(30～39歳), e(40～49歳), f(50～59歳), g(60～69歳), h(70～79歳), i(80～89歳), j(年齢不明分).

図９　乞食死者10年ごと統計

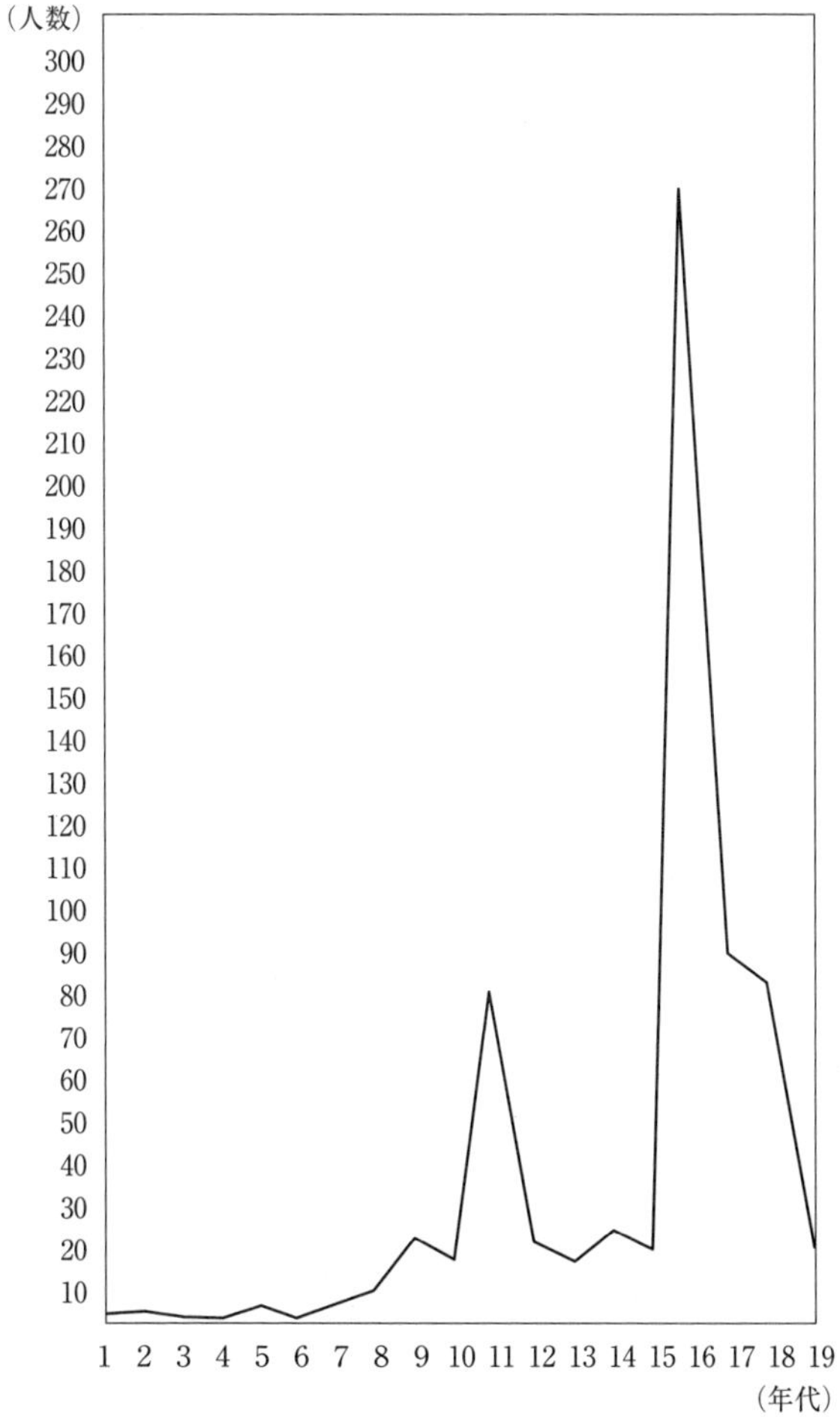

とにまとめたものである。天和三年からはじめたのは、行倒死の記事がこの年からはじまっているからで、行倒死者のうち年齢が判明する者について、〇歳から八九歳までと年齢不明分をa～jまで一〇分類している。表5を活用して注目すべき論点をあげておこう。

表6　年度ごと10名以上の乞食死者数一覧

年　代	人数
天明4(1784)	19
天明7(1787)	31
天明8(1788)	19
天保8(1837)	138
天保9(1838)	91
嘉永4(1851)	27
嘉永5(1852)	29
文久元(1861)	35
文久2(1862)	15

注：④を基に作成.

表5の年齢区分以外の箇所を折れ線グラフにしたのが図9である。図9から次のことがわかる。行倒死は、宝暦末年までは数年に一名ほどであったが、その後次第に増加し、天明飢饉《ききん》の時期に最初のピークを迎えたこと、その後は、一年に一、二名の時期が続き、天保飢饉の時期に二度目のピークを迎え、それは天明飢饉時の三倍強に達していたこと、その後もほぼ天明飢饉時に匹敵する行倒死が続いたことである。

行倒死急増の背景を探る

右の事実は、乞食の行倒死をめぐって、宝暦末年頃から、それ以前とは異なる新しい事態が生じつつあったことを推測させる。ちなみに、年間の行倒死が一〇名以上の場合をまとめたのが表6である。図9の最初のピークは、表6からわかるように、天明四、七、八年という行倒死が比較的多かった飢饉時を含んでいたからだとわかる。しかし、天保の飢饉時は、年間の死者数が天明期をはるかに上回っているだけでなく、嘉永期や文久期も天明期にほぼ匹敵していることに注目したい。天明期から天保期のあいだに、飢饉といった事情とは別に、行倒死を急増させるような新たな事態が生起したと考えられるからである。すなわち、宝暦末年頃から乞食を取りまく状況に新しい変化が生まれ、天明期以降、さらに行倒死を急増させるような変化があったと推測できるのである。そうした変化の原因が何かについて、次節以下で考察していく。

なお、表5の年齢区分をみると、一〇歳未満、二〇代、六〇代がほぼ同じで五〇名前後、一〇代、三〇代、四〇代、五〇代がほぼ同じで一〇〇名前後、七〇代以降は若干となっている。一〇歳未満や二〇代が比較的少ない理由はわかるが、四〇代や五〇代が比較的多いことや、一〇代が最多の理由は推測が難しい。また、判明する限りの男女比をみると、男が四六六名、女が一三八名で、女は男の三〇%弱である。乞食の男女比が右の割合に比例しているか否か、これも今は不明としておく。次節ではまず初めに、紀州藩田辺領での乞食対策を検討していく。

紀州藩田辺領での乞食対策

「往来の乞食」は領外へ

紀州藩田辺領で乞食や非人・えたに対しての対応がわかる史料は、次の延宝九年（一六八二）四月のものが最初である（万代記）。

一、乞食非人のうち、宗門改《しゅうもんあらた》めがあり、前からの乞食は、座《ざ》があるから、これを支配して年々に改めればよく、そのうええた乞食は参詣する寺があるから、この寺の手形を取り、町奉行衆へ渡し、それより寺社奉行衆へ届ける

一、当座の非人の宗門改めは、他国者の場合は所を追い払い、町の者の場合は何の町の者かと尋ね、その町にいる分は何宗旨で何の寺へ参っているか、町年寄に一札を出させ、町奉行衆より寺社奉行衆へ断り申す

右の記事から、座に属す前からの乞食や、旦那寺《だんなでら》のあるえた乞食は、その筋で把握でき、

当座の非人のうち、町に居住する非人も町年寄を通じて把握できるが、他国者の非人は把握する手立てがないので、追い払えと命じられたことがわかる。行動が何らかの形で把握できる者は居住を認めるが、把握困難な場合は、領外への追放が基本原則だったのである。

右の原則は、近世前期の諸藩に共通だったと考えてよい。

たとえば、彦根《ひこね》藩主井伊直孝《いいなおたか》は、国元に対して次のように指示している（『久昌公御書写―井伊直孝書下留《かきくだしとめ》―』）。承応三年（一六五四）五月二日付の書状に、

> 領内中で左様の堂宮、野山などにも住居しているどこの者とも知れざる者は、ことごとく地に有り来たる乞食のほかは追い払うように申し付けよ、寺々へも往来の乞食など召し置かないように申し渡す事

とみえる。領内に居住する乞食は別だが、どこの者ともわからない往来の乞食は、領外へ追い払うこ

図10　近世の乞食（『江戸職人歌合』）

とが命じられている。同様の記事は、寛永二十年（一六四三）の飢饉時にも発せられている。領民に対しては一定の保護を与えるが、領民以外は厄介者として保護の対象とはならず追放で問題を処理している。和歌山藩の対応と基本的に原則が同じであったといってよいだろう。

田辺領での同様の趣旨の触は、貞享二年（一六八五）四月にも出された（万代記）。また、享保四年（一七一九）四月十九日条に、「在々の乞食で非人に属さず不審な者は佇《たたず》ませず、見つけ次第送り出すようにと郡奉行所から御通し」（万代記）とみえ、元文二年（一七三七）九月六日条にも、「他国の乞食など暫《しばら》くも置かないよう、村切りに送り出すように」（万代記）とあり、原則がその後も守られている。さらに明和八年（一七七一）三月十三日条には、「乞食非人で不審な者が立ち廻ったならば、村切りに送り出し、その次々の庄屋へ届け申すように」（万代記）とみえ、領外へ確実に送り出す方策が採用されるにいたった。

他国者非人の増加

右の対策が採用されたのは、明和年間前後から他国者の乞食が増加したからであった。たとえば、他国者の非人について、天明三年（一七八三）二月の条に次のようにみえる（万代記）。

一、同八日敷浦の岩穴に乞食が多く集っている由、調べ出すように郡奉行所から仰せ

聞かされた
口上
一、敷村《しきむら》岩穴にはこれまで滞留はもちろん、一宿もさせたことはない
一、神子浜《みこはま》村岩穴には、去年敷の山王祭の節、一、二夜、乞食五、六人が宿ったが、その後どこへ罷り越したか、またまた当春二、三人が一、二夜止宿した、この頃は一人もやって来ていない、いずれやって来ても番太《ばんた》共へ届け、この辺にたびたび立ち廻る者でなければ置かない段を申し出た

乞食が岩穴に滞留するような事態が現れはじめたことがわかる。この辺にたびたび立ち廻る者でなければ置かないとあることから、神子浜村周辺に立ち廻る乞食以外に、他所《よそ》からきて滞留する乞食が現れるようになったのだろう。たとえば、天明三年二月の条に、「近比《ちかごろ》町表に新たなる乞食が多く出る由」（万代記）とみえるからである。

非人狩の開始

右の事態に対応して、天明七年（一七八七）正月二十八日の記事は次のように指示する（万代記）。

他国の無宿非人が御領分へ多く入り込んでいるから、御国境《くにざかい》へ送り出し、重ねて立ち廻れば、暫くのあいだ縄を掛け置き、重ねて立ち廻らないよう申し聞かし追い払うように、御年寄衆が申し達し取り計らいに及んだ、右のためいずれの郡より送り出し

ても、他領に近い向き寄りへ送り出すように、田辺領でも右のとおり取り計らい、隣郷より送り参ったら、村継ぎで送り出すよう申し付けられるように

紀州藩の御年寄衆が、重ねて立ち廻る他国の無宿非人に対して、しばらくのあいだ縄をかけ追い払うとともに、どこの郡より送り出す場合でも、他領に近い方向へ村継ぎで送り出すように指示している。他国の無宿非人対策が重要な課題になってきたのである。右の事情は、天明六年十一月十五日の条に、「この節在方で非人狩《ひにんがり》があるので、町表も狩り出させるように、御支配より昨日仰せ聞かされ、今日残らず狩り出し申した」（大帳）とあることからも裏づけられるのである。

ちなみに、和歌山城下での非人狩の様子は、『城下町警察日記』によれば、次のとおりである。まず、貞享三年（一六八六）、吹上非人村に非人小屋が建てられ、その後元禄十年（一六九七）に、当地に「新非人」（野非人《のひにん》）を対象にした「非人救済小屋」が建てられた。そのうえで新非人を対象にした非人改めが行われるようになった。当初の他国者非人は数名程度を数えるにすぎなかったが、享保十七年（一七三二）の大飢饉後、増加したため、同二十年に「卯の八月十日よりはじめて非人狩をした」と、非人狩の文言がはじめて登場する。その後、毎年数回、非人狩が行われるようになった。それでも、この段階ではまだ十数名にすぎなかった。しかし、寛保三年（一七四三）は、正月から十月までの非人

狩によって、他国者非人が九九名を数えるまでにいたっている。他国者非人が十八世紀半ばになって、和歌山藩領で急増した様子がうかがわれる。天明六年の藩領全体にわたる非人狩は、こうした文脈のなかで実施された。これ以後、非人狩は、寛政五年（一七九三）（大帳）、文化十四年（一八一七）（大帳、万代記）などに実施されていった。

なお、寛政十二年三月十一日の条に、「この節他所者《よそもの》の乞食など多く入り込む由、地合の者はそのまま、新たなる筋は追い出すよう仰せ下さる」（大帳）とあるように、原則どおり新たなる筋は追い出し、土地に根付いた乞食はそのままであったことに注意しておきたい。

他国者の規制

十八世紀後半になると、他国者のなかには、乞食に紛らわしい順礼《じゅんれい》などの旅人が増加してくる。寛政九年（一七九七）十一月二十日の条に次のようにみえる（大帳）。

一、浪人者はいっさい佇《たたず》ませるな
一、物まね早口物貰《もら》いの者は、往還筋だけ通らせ、外町へ入り込まないよう堅く申し付けるように
一、旅人宿をする場合、夜分はいっさい徘徊《はいかい》させるな、もしまた仕方なく知音《ちいん》の所へ参りたい由であれば、宿より人の行く先を見届けるように

一、茶屋そのほか店々で、浪人そのほかが旅人支度などをする場合、随分気を付け、胡乱《うろん》がましければ、町は町役、村方はそれぞれの村役人へ早々申し出るように

一、町内で旅人が止宿する場合、一宿でもその段をたびたび断り申すように

一、旅商人宿の場合、毎々当地へ参っている者はこれまでのとおり、はじめて参る商人は一日限りのみ止宿させるように

右の趣はかねても申し聞かしてきた事だが、なお十分に心得、心を付けて、少しでも胡乱な様子があれば申し出るよう念を入れ申し付けるように

浪人や物まね早口物貰いの者の規制、旅人宿や町内での止宿の規制、新規旅商人の規制などが織り込まれている。こうした規制は、かねても申し聞かしとあるように、以前からみられたが、この頃から次第に厳しくなっていくのである。

たとえば、享和二年（一八〇二）六月二十九日の条に、「村々へ他所者を一宿でも留め申さず、特に西ノ谷鉢坊尾崎辺は心得違いの筋があると聞いている、一宿もさせないようにと申し通す」（万代記）とあり、他所者を在方で一宿させることが禁止されている。また、文政六年（一八二三）九月二十日の条に、「今より旅人が病死の節の改めは、同行があれば、当役所元締下目付《したためつけ》が改めに罷《まか》り越すはずである、同行がない一人者であれば、下目付だけ罷り越すはずなので、東西へ順達するように」（万代記）とあるように、旅人が

病死の節、同行がある者とない者とで、検死役人に差がつけられるようになった。おそらく同行がいれば順礼と判断してよいが、同行がいない一人者は、順礼なのか乞食なのか判断が難しいため、格下の検死作法で済まそうとしたからだと考えられる。

他所者の強制的排除

右にみたように、他所者《よそもの》に対する排除は次第に強化されていくが、天保三年（一八三二）九月二十七日付の代官所書付（万代記）は、そうした事態がさらに厳格化されたことを示している。

一、他所他国の非人乞食物貰い無判者は、残らずすぐに狩り出す事
一、旅人は往来往還筋よりほか、村へいっさい入り込まないように、往還端村端々の者へ申し付け、万一入り込めば、引き返し街道筋を往来するよう申し付けよ、もしまた受用しない者は番人へ申し付けるか、最寄村方の者が申し合せ追い出すように、異義に及べば、召し捕えても、打ちなぐっても、何分手段よき取り締りになるよう取り扱う事
一、往還端へ建札か組村端へ建札をしてよければ、その段を申し出る事
一、乞食非人月々の無判者が不取り締りにならないよう、なおも取り締りのため両三度狩り立たせ申す事
一、不審なる者を往来に見受けたら、番人へ申し聞かすか、または手段がない場合は、

直《ただち》に盗賊方へ注進する事

非人狩や旅人の村々への入り込み阻止がますます徹底され、抵抗すれば打ちなぐってもよいなどと、不審なる者の排除が強硬になってきたことがわかる。そのうえで、入り込み阻止については、同年十月二日付の書付で、次のように指示された（万代記）。

他所他国の非人乞食無頼《ぶらい》者などは、往還筋通り一偏のほか、村へ入り込ませるなど申し付けている、かれこれ異儀に及んだ場合は、番人へ申し付け召し捕えさせ申すように、番人が出違えなどで手遅れになり、手にあまる場合は、村中が寄り合い取り締り申す事

辰九月

別紙のとおり建札をいたし、往還筋村々の入口へ建て置くように、右東西へ早々に順達し、早々札を建てるよう取り計らうように

往還筋村々入口に建札を建てることで、他所他国の非人乞食無頼者などが往還筋や村々へ入り込むことを徹底的に阻止しようとしたのである。

非人世間者の城下からの排除

その後、嘉永二年（一八四九）には、「非人世間者について、先に重宿はならざる段を申し通し置いたところ、この節よりは一宿もならざる段の御通しがあったので、その段を下長町へ申し遣わす」（大帳）

ようにと指示された。下長町は順礼宿が集中している地域だが、天保十二年（一八四一）までは、順礼宿とは別に「世間者の宿俗に追込みと申す」（大帳）があった。しかし、同年に「どこの御城下でも市中でしている所はない」という理由で湊村に移された。つまり、嘉永二年段階の下長町には順礼宿しかなかったことから、先の嘉永二年の記事は、非人世間者は今後いっさい順礼宿に宿泊させないという意味だといえる。なお、世間者は史料中に、「非人同様の世間者」とか「世間者と唱える物貰い（中略）当地徘徊する物貰いで無宿者に相違ない」などとみえることから、乞食とほとんど同義の意味で使われていたと考えてよい。以上の検討によって、近世後期には、領主が他所者の乞食を町や村から排除しようとしていたことがわかるのである。

　これまでの検討によって、領主は他所者の乞食を領内から排除することを原則にしていたといってよい。しかし、他所者の乞食と乞食順礼など極難渋の旅人との区別は難しく、かつ、幕府の明和令で旅人の保護が原則とされたことから、領主にとって、二原則のどちらを優先させるべきかが重要な課題になったと推測できる。次節では、領主が、両原則の間で動揺しながら、最終的にどのような対応を採用していったかを考えていく。

乞食死の対応をめぐって

旅人と乞食の死骸処理

十八世紀半ばまでは、乞食か旅人かは関係なく、まず下目付《しためつけ》などの領主の役人が「御改め」（検死）をし、そのうえで、順礼などの旅人であれば、一定の葬礼を済ませて土葬した。他方、乞食であれば、「取り置き」とか「片付け」が指示されていた。「取り置き」と「片付け」は同義で、死骸を埋葬する意である。ちなみに、幕府法令では、「吟味中牢死溜《ため》死《し》のもの死骸の事」（『徳川禁令考』）に次のようにある。

死罪
遠島
者　取捨《とりすて》

右のとおり、一座において申し合せた事

重追放以下

下手人

取片付

右にみえる「取捨」とは、幕府法令の「男女申し合せ果てた者の事」（『徳川禁令考』）に、「不義で相対死《あいたいじに》した者　死骸取り捨て弔わせるな」とあるように、死骸を葬らず、葬礼をさせないことである。他方、取り置きや片付けは、それより軽罪の者を対象にし、死骸は葬るが、葬礼はさせないことだと思われる。旅人と乞食は、死骸の処理にあたって、そうした差がつけられていたのである。

ところで、寛延四年（一七五一）の記事で、藩役人が「御改め」の際、「往来そのほか書付の物はなきや」（大帳、万代記）と番太《ばんた》（町や村で盗人や火事、水難の番にあたった者、非人やえたがなった）に尋ねている。同様の記事は④の一覧表に多い。右の記事は、藩役人が旅人か乞食かの違いにこだわっていたことを知らせてくれる。そのためか、明和四年（一七六七）六月には、大庄屋《おおじようや》の田所氏が、「他所者《よそもの》でもなく、そのうえ病気に紛れなければ、御断りも入り申さずとこれまで存じて」いたため、行倒を勝手に片付けさせたのに対して、郡奉行が、「すべて行き倒れて死去した者がある節は、すぐに申し出、役人を遣わして改め、番人へ片付けさせるように、以前から申し聞かせていた」と、田所氏の粗忽《そこつ》な取り扱いを批難して、叱り置いた事件があった（万代記）。また、明和八年二月に、番太が勝手に死骸を掘り埋め、庄屋から急度《きっと》叱りとなった事例がある（万代記）。右の事例から、明和頃までは、旅人か乞食かにかかわらず、行倒死の場合は、御改めが原則であったといってよいだろう。

しかし、安永二年（一七七三）四月には、「御改めに及ばざる旨」（万代記）が命じられ、同五年二月には、「帳外なので御改めなき段」（万代記）とされ、さらに同六年正月には、「この辺を徘徊し、番人が見知っている乞食の旨を上申し、御改めに及ばず」（万代記）と記されるにいたった。その後、天明二年（一七八二）七月には、「いよいよ乞食であれば役人を遣わして改めるに及ばず、勝手次第に取り計らうように」（大帳、万代記）とあり、同四年八月には、「川原乞食であれば、番太に取り置かせ、改めるに及ばず片付け」（万代記）とあって、乞食であれば、藩役人の御改めは不要だという認識が次第に一般化していった。かくして、天明から天保期にかけて、往来手形などを携帯し、身許が証明できる旅人の場合は御改めがあり、「番太が見知っている乞食」とされれば、御改めはなく、番太によって取り置きか片付けで処理されるようになった。右のような原則の変更は、天明の飢饉で行倒死が急増したため、そうした処理簡便化が不可避になったことも一因だと考えられる。

だが、そうした処理の簡便化は、他方で安易な処理が行われる下地になった。旅人を乞食として処理する判断ミスが起こってきたのである。本章の最初に取りあげた江戸の「重蔵夫婦」の事例はまさにその典型である。

行倒死者処理簡便化の弊害

ろう。次に同様な事例を二つほどあげておこう。

文化八年（一八一一）には、番太が「毎々村方へも立ち廻りよく見知っている乞食」で往来一札も携帯していないと申し出、田所氏が、湊《みなと》村庄屋からその旨を聞き、「常の届書」、すなわち乞食扱いで処理しようとした。しかし、御郡方より御尋ねがあり、再調査の結果、「杓《しやく》に国所」が書かれ、「納札に飛州《ひしゆう》（岐阜県）吉城《よしき》郡襖越《ふすまこし》村木地師《きじし》安右衛門と記」されていることが判明し、藩役人の御改めが実施された。そして、湊村庄屋と大庄屋田所氏は、「郡御奉行所様」宛の誤り証文を提出している（万代記）。

嘉永五年（一八五二）には、非人番が目良《めら》村庄屋に、「以前からこの辺へ立ち廻りよく見知っている川原乞食なので、取り片付けたし」と届け出、大庄屋の田所氏がその旨を代官所へ届け、取り片付けとなった。ところが翌日、田辺領内の上秋津村作平という者が、「母の姿が見え申さず」とのことで、尋ね参り、「先の行倒者に似ていた」ため、「掘り出し見せたところ、作平母に相違」ないことが判明した。そこで、元締前田嘉右衛門・下目付寺井安平および秋津組大庄屋帳書庄屋が御改めを実施した。その結果、目良村肝煎《きもいり》吉五郎が叱り、大庄屋田所氏が追込《おいこみ》の処罰にあっている。吉五郎の処罰理由は、非人番が「しかと見知っている者ではないが、東在の者と思われる」と申し出たのに、田所氏へは、「委細に申し出ず、ただ乞食に相違ない旨を申し出た」ことが問題にされた。また田所氏は、作平が申し出た際、代官所に「伺い出たうえで指図すべきところ、その儀なき段」が問題にされた（『紀州田辺御用留』）。

右の二つの事例では、「毎々村方へも立ち廻りよく見知っている乞食」といった処理文言が事実であったかどうかは、庄屋や田所氏の処罰の際まったく触れられることなく、形式的な手続き上の部分のみが問題にされた。前者は飛騨《ひだ》の木地師で、後者は同じ田辺領に属す村方の人であったが、いずれも非人番が「よく見知っている乞食」であったはずがない。にもかかわらず、右の処理文言が生き続けたのは、領主の側だけでなく、村や町の側でも、右の処理文言での簡便な処理が必要になっていた事情がある。すなわち、表5や図9からわかるように、乞食死は天明の飢饉時に増加し、以後も高止まりしつつ、さらに、天保の飢饉時に急増しているという事実がそれである。つまり、御改めには当然「入用銀米」（万代記）が必要だったから、何とかそうした出費を避けようとしたことによるのであろう。

表7　寛政期以降の乞食処理者以外一覧

	年　代	目　的	身許の判断	検死
1	寛政8(1796)	旅人	往来所持	御改め
2	寛政11(1799)	乞食順礼	往来所持	御改め
3	享和元(1801)	下女	身許判明	御改め
4	享和2(1802)	乞食坊主	往来所持	御改め
5	文化7(1810)	乞食順礼	身許判明	御改め
6	文化8(1811)	乞食順礼	身許判明	御改め
7	文化9(1812)	乞食順礼	身許判明	御改め
8	文政3(1820)	乞食順礼	往来所持	御改め
9	文政4(1821)	乞食順礼	往来所持	御改め
10	文政5(1822)	乞食順礼	往来所持	御届け
11	文政11(1828)	出稼	身許判明	御改め
12	文政11(1828)	乞食順礼	往来所持	御改め
13	文政12(1829)	乞食順礼	往来所持	御改め
14	天保6(1835)	乞食順礼	往来所持	御改め
15	天保6(1835)	乞食順礼	往来所持	御改め
16	天保8(1837)	奉公人	身許判明	御改め
17	嘉永5(1852)	秋津村者	身許判明	御改め
18	嘉永6(1853)	不明	往来不所持	
19	安政元(1854)	乞食	殺害さる	御改め

注：④を基に作成.

定型化された死骸処理

寛政期以降の行倒死五一八件のうち、乞食として処理された事例以外をまとめたのが、表7である。表7からわかるように、往来手形携帯など何らかの方法で身許《みもと》が判明するのは一八件、身許が不明なのは嘉永六年（一八五三）の一件（『紀州田辺御用留』）のみである。この一件は、高山寺境内での行倒死で、往来一札を携帯していなかったが、非人番によれば、「川原乞食とも見え申さず」とのことで、「取り敢えず同寺へ土葬に取り置く」ことになった。そのうえで、「御領内の者で乞食に罷り出て果てたのかも計り難いので、その段をそこ許より東西組々へ順達し、組内の人別か念を入れて取り調べ、そうであるかないか、早々にそれぞれより直々《じきじき》当役所へ申し出るよう、東西へ順達せよ」と、領内に問い合わせることになった。乞食か旅人か判断がつかなかったためであろう。結果は記載がなく不明だが、嘉永六年段階でなお旅人か乞食かで判断を留保せざるをえない場合があったことを示している。しかし同時に、そうした事例がこの一件を除いて、寛政期以降まったくないことに注目すべきだろう。すでに述べたように、明和末年までは御改めが原則だったが、安永期になると、乞食は御改めなしが原則になった。そして、寛政期までに、旅人と乞食を峻別するようになったことが確認できるのである。

天明六年（一七八六）六月には、男乞食が「国所知れざる者」との理由で御改めが行われている（万代記）。しかし、同年十月の万代記では、男乞食が「どこの者とも知れず、この辺を立ち廻る河原者で、番太がよく見覚えの由申し出」たため、取り置きとなっている。また、翌七年六月には、男乞食が「生縁知れず、非人に相違ないので、切戸へ片付けたき段、町非人番が申し出」たため、片付けとなっている（大帳）。最初の事例では、「国所知れざる」ことが重視され、旅人扱いになったにもかかわらず、あとの二例では、身許不明であることは重視されず、番太や非人番が乞食とみなしたかどうかが重視されている。天明飢饉の影響で行倒死が急増する天明七年を境に、番太などの判断を重視するようになったのだ。その結果、寛政期以降は、往来手形など明確に身許を証明できるものを携帯していない場合、「非人番がよく見知っている川原乞食」といった定型化した処理文言で、乞食として処理されていったのである。

パスポート体制の弊害

幕府の明和令によって、往来手形に身許証明書としての位置づけが与えられたことで、逆に不携帯の者は不審者とみなされるようになったのであろう。他藩の目を必要以上に気にかけていた領主は、往来手形不携帯の者は、どこかの藩などに属す「領民」ではないとすることで、乞食として切り捨てる道を選ぶことが可能になったといってもよい。その時期が天明飢饉時にあたっていたことはおそらく偶然ではなかっただろう。そうした状況は、天保期以降をみればより明確になる。天保飢饉時は、定型化した処理文言のもとで、すべて乞食として処理されているからである。

しかし、右の事態は、往来手形の発行を期待できなかった乞食のみが影響を受けたわけではないことに注意したい。少額の貯えで国元を出立し、旅費がなくなればアルバイトをしたり袖乞《そでご》いをしたりして旅費を稼ぎ、旅を続けるような乞食順礼は、十八世紀後半以降急増してくるが、そうした乞食順礼で、同行《どうぎょう》もなく、往来手形を携帯していない場合、困難に直面しても、パスポート体制の恩恵に浴することなく、乞食として処理されてしまう可能性があったと推測できるからである。旅先でそうした処理がされてしまえば、実際にはほとんどのケースが明るみに出ることなく闇に消えていったと思われる。それゆえ、天保期にみられる乞食死の急増は、右にみたような旅人が相当数含まれていたと考えることができる。パスポート体制は、往来手形を携帯する人々にとって、旅先での困難救済に福音であったが、身許を証明するものを所持しない人々には、旅先での困難解決がかえって難しくなったといえるのである。次節では、そうした受難の事例をいくつか取りあげて検討していく。

往来手形不携帯の人々の処遇

旅人でありながら乞食として処理されたと思われる事例を紹介してみよう。享和二年（一八〇二）五月二十四日の条に次のようにみえる（万代記）。

越後新潟新町の七之助の場合

口上

一、切戸砂糖製法小屋の元で、越後《えちご》新潟新町善六悴《せがれ》七之助という、年一九歳の者が煩《わずら》っていたので、養生させている、ただし往来手形は所持なき段を申し出ている、この件を御届け申し上げる、以上

大庄屋名印

五月二十四日

右病人が送り出し下さるよう願っているので、郡方へ伺《うかが》ったところ、往来手形などなき者であれば、非人体《ひにんてい》なので、先《ま》ず少々気を付け遣わし、そのままに差し置くよう仰せ聞かされた、その段を申し通す

七之助という若者が疱瘡《とうそう》で難渋していたので、湊村として養生させるいっぽう、病人が村送りで国元まで送ってほしいと願ったので、湊村がその旨を大庄屋の田所氏に申し出、田所氏が郡方役所へ伺ったが、郡方の回答は、往来手形など不携帯の者は非人と同じだとして、そのままで差し置くように、というものであった。

右の記事にみえる「新潟新町」は、現在の新潟市本町通にあたり、元和三年（一六一七）に開発され、当初「新町」と称された地である（『新潟市史　通史編1』『新潟市史　資料編2　近世1』）。つまり、七之助が申告したと考えられる「越後新潟新町」の文言は、まったくの偽りではなかったことがわかる。そして、七之助がみずから送り出しを希望していることから、七之助は旅行難民の村送りによる国元への送還体制を知っていたと思われる。当時、右のようなパスポート体制はかなり一般化していたからである。また、湊村の庄屋が田所氏を通して郡方へ伺ったのは、湊村の庄屋が村送りするつもりであったからだろう。田辺領では、天明五年以降、すでに一一名が村送りされ、そのうち三名が湊村から送り出されていたからである。

非人同前の処遇

だが、郡方は、往来手形など不携帯の者は非人体なので、そのままに差し置け、という厳しいものであった。すでに前節でみたように、寛政期以降、往来手形などで身許が証明できない場合、すべて乞食として処理することが原則になっていたことをふまえれば、七之助が身許を証明するものを何も所持していなかったため、ある意味で当然の処理だったとも考えられる。たとえば、寛政元年（一七八九）五月十一日に村送りされた次兵衛の場合、往来手形携帯の記載はないが、同行四人での順礼であったから、同行を通じて身許証明がされたのである（大帳、万代記）。つまり同行がいれば、「抜け参りゆえ往来手形を所持せず」（寛政十一年五月二十七日の条、万代記）とも、旅人として世話をされることができた。しかし、七之助は一人旅であり、そうした可能性も閉ざされていたのである。

七之助のその後を追ってみよう。翌月の七日の記事に、「湊村で煩っている旅人は、長々ゆえ如何《いかが》すればよいかと庄屋が申し出、郡方へ伺ったところ、往来も所持せず非人同《どう》前《ぜん》なので、いかようとも取り計らえと仰せ聞かされた」とある。湊村庄屋はなお旅人と認識しているが、郡方役人は、湊村に非人同前の取り扱いを指示している。

その後、六月二十五日に死去した際、湊村庄屋が上申した「口上」は次のようなものであった（万代記）。最初に、七之助保護の事情を記した後、痘瘡のためまったく行歩が叶わず、村方より色々世話したが、今日八ツ時分に病死した、この段を御断り申し上げたところ、いよいよ相違なきやと御念の入る御尋ねであった

右申し上げたとおり、往来一札も所持しない乞食で、何ら子細もないので、取り片付けたい旨の書付を差し上げげた、以上

湊村庄屋

次郎右衛門

戌六月二十五日

田所八郎左衛門殿

右書付を仰せ付けられ差し出したところ、御聞き届けが済み、取り置かせ申した

湊村では、旅人という意識があったからか、いろいろ世話したと、一般の乞食にくらべて配慮があったようである。他方、郡方役人は、非人同前としながら、七之助の死去にあたって、村方に御念の入る御尋ねをし、そのうえで、往来一札も所持しない乞食で、何ら子細もないので、取り片付けたいとの文言が入った書付の差し出しを命じている。郡方が書付の提出を求めたのは、後日問題がおこった際、今回の処理が形式的に問題なかったことを示しておく必要があったからだと考えられる。七之助のような一人旅には、こうした危険が常にあったのである。

無戸籍の幼児蔦枝の処遇

次に帳外《ちょうはず》れの者に対する処遇をみていく。天保八年（一八三七）三月四日、播州《ばんしゅう》龍野から田辺に次のような書状がもたらされた（大帳）。すなわち、「寿二野」という田辺本町の大工「弁蔵」という人の姉が、「蔦《つた》枝《え》」という「四歳の男子」を連れ旅の途中、龍野城下で病気になった。当町で医者をつけ、養生させたが、死去した。地頭役場に届けたところ、蔦枝が不憫《ふびん》なので、国元へ連絡して、迎えのことを懸けあうようにとのことなので、書状を送ったとある。また、追伸で、往来手形は途中で紛失したが、存生中に国所などは聞いていたとある。

右の書状をうけ、本町年寄へ大工弁七（弁蔵）を呼び寄せ調べたところ、弁七は、姉みよは一四年前に廻国修行の者と出奔《しゅっぽん》したので、「義絶帳外《ぎぜつちょうがい》」を願い出、聞き届けられている。難渋の私なので、迎えに行かずに済むようにしてほしい、と返答している。

田辺領では、天明元年（一七八一）二月二十七日の条に（万代記）、「行衛《ゆくえ》不明の者が七年過ぎれば帳外れにするはず、断り書を出すように、このたび改めを仰せ付けられたので、その段をそれぞれへ申し通す」とあることから、一四年前に出奔した寿二野が帳外れになっていたことは事実である。つまり、寿二野が往来手形を紛失したというのは偽りということになる。

弁七の主張を聞いた本町年寄が右の旨を奉行所に申し上げたところ、奉行所役人は「後刻左のとおり申し遣わすように」指示した。そこで本町年寄は、奉行所役人の指示に従って、次のような書状を四月五日付で龍野の町惣代に送った。最初は時候の挨拶と龍野での様子を反復し、ついで寿二野はすでに親類が義絶し帳外れになっていることを述べたうえで、「前段申し上げるとおり義絶帳外者で、そのうえ蔦枝はもちろん当地出生の者でもないので、然《しか》るべく御取り計らい下さるように」と述べている。

蔦枝の迎えが拒否されたことがわかる。蔦枝は、親が義絶帳外の者というだけでなく、出生地からいっても田辺とは無関係だというのだ。子供の所属は、いわゆる属地主義《ぞくちしゅぎ》が採用されていたのであろう。右の返書が奉行所役人の指導のもとで書かれているから、領主は出生者について属地主義の立場をとっていたことがわかる。つまり、田辺領内で出生したのであれば、田辺の領民として保護の対象になるが、田辺領外の出生者は、田辺の領民ではなく、保護の対象にもならないと考えられていたのである。蔦枝は帳外れの子なので、当然帳外れの無宿《むしゅく》、つまり、現代風にいえば、無戸籍者ということになろう。

帳外れの人々に対する処遇は、右の寿二野親子の事例である程度推測できると思われるが、以下、乞食や帳外れに対する処遇について、いくつかの事例をあげておく。

安永三年（一七七四）六月十三日の条では（大帳）、「三十余りなる男の旅乞食が煩った」際、湊村番人が町番人に対して、「小屋懸けしてやるのも大そうなので、橋の下を貸してくれ」と頼み、湊村庄屋が得心し、大年寄中へ申し出て、許可されている。寛政五年（一七九三）五月二十六日の条では（万代記）、「京都黒門中立売《なかだちうり》無宿新兵衛同人姉やす」が、権現馬場の辺で煩っていた際、敷村の岩穴で養生となっている。また、寛政十二年十二月三日の条では（万代記）、「御国長嶋出生の無宿市之助、年二五歳」が病気の際、最初切戸へ小屋を建て差し置き申すことが庄屋から申し出られ、大庄屋田所氏が郡奉行所へ届け出たが、翌日、市之助が無宿の旨を申し出たため、左様であれば番人任せにするよう湊村へ申し通している。そのほか、「新庄村帳外喜兵衛」が河原乞食となり病死した際には、「葬送ならざる」旨が指示され（享和元年二月、万代記）、「神子浜《みこはま》村つぶり山」の女が帳外れの者と判明した際には、「薬用に及ばず、番太《ばんた》の取り計らいで、余り物を遣わし、少し快気となれば追い出すように」と指示され、病死後、取り置きとなっている（文化四年七月、万代記）。いずれも雨露がしのげる程度の場所で最低限の食事が与えられたにすぎず、乞食や帳外れへの処遇は、一般の旅人とくらべてきわめて厳しいものだったことがわかるのである。

乞食の急増はなぜか

パスポート体制と他国者の乞食とを関連させて、本章で明らかにできたことを箇条書にしてまとめると次のようになる。

(1)　往来手形携帯者は、パスポート体制の恩恵を無条件で享受でき、死去の場合、必ず検死が行われた。
⑵　往来手形不携帯者であっても、何らかの方法で身許が証明できれば、往来手形携帯者と同等の待遇がとられた。
⑶　往来手形不携帯で身許不明の場合でも、領外からの旅人であることが明白な場合、原則として⑴⑵と同様な待遇がとられた。ただし、死去した場合、天明末年以降は、旅人か乞食かの区別が曖昧になったため、乞食として処理されることが多くなった。
⑷　無宿や野非人など帳外れの乞食は、パスポート体制の恩恵を享受できず、死去の場合、安永年間以前は検死があったが、以後は次第に検死不要とされる事例が多くなり、寛政年間以後はまったくなくなった。

本章を整理すると右のようになるが、問題は⑶と⑷にあるように、十八世紀末に、乞食と一般の旅人の区別がつきにくくなった段階で、一般の旅人も乞食扱いされる場合が発生したと考えられることである。

右のような旅人には、乞食順礼のほか世間者《せけんもの》や物まね早口など旅の芸能者、無頼《ぶらい》者など多様な人々が含まれると思われるが、そうした人々が旅先で死去した場合、乞食として処理されるような事態が生起したことがわかる。近世社会では、行倒《ゆきだおれ》のような不審死はすべて検死が原則であったが、十八世紀末以降、身許不明の行倒が定型化した文言で処理されることになって、検死体制は大きく後退したのである。そこに新たな差別の発生が認められる。乞食が領民とみなされず、パスポート体制から排除されていたことは近世の身分社会を考えるうえで重要だろう。

ところで、十八世紀後半以降、乞食の急増がみられたが、なぜこの頃から急増してくるのだろうか。田辺の記録をみていると、十八世紀後半以降、不行跡者との理由で、義絶帳外になった記事がやたら目につく。おそらく、こうした義絶帳外の者が、無宿や野非人などとして乞食化していったのであろう。そこで次章では、なぜ十八世紀後半以降、義絶帳外が急増してくるのか、その理由を考えていくことにする。

偽往来手形と無宿

無宿問題へのアプローチ

「無罪の無宿」と「有罪の無宿」

乞食《こじき》は十八世紀後半以降に増加しはじめ、十九世紀以降に急増した。ここでいう乞食は、野非人《のひにん》や無宿《むしゅく》などの帳外《ちょうはず》れの人々のことである。無宿の増加は、従来、寛政改革時の人足寄場《にんそくよせば》設置の問題と関連づけられ、通説的には追放人の増加で説明されてきた。しかし、それは事実なのだろうか。帳外れには、(ア) 欠落《かけおち》や久離《きゅうり》(旧離)・勘当《かんどう》から生ずる場合、(イ) 罪を負って追放刑となる場合とがある。(ア) はいわゆる「無罪の無宿」で、(イ) が「有罪の無宿」である。江戸幕府は、宝永六年 (一七〇九) に最初の無宿取締令を出し、「無罪の無宿」の取り締りと、「有罪の無宿」の処分を行なった (『徳川禁令考』)。この場合、「無罪の無宿」とは、悪事を犯していない無宿や、すでに処罰済みの無宿をさしている。

図11　博奕の図（『徳川幕府刑事図譜』明治大学博物館所蔵）

ところで、阿部昭は『江戸のアウトロー』（講談社選書メチエ）で次のように述べている。

　父や兄など目上の親族から役所へ「勘当」が届けられ、これが認められれば、やはり「久離帳」に載り、あとは「久離」されたと同じ結果となる。これが「勘当→帳外れ」の過程である。だが、この過程が江戸時代後期に無宿を大量に発生させる原因の主たるものとはとうていなりえない。

　その意味では、「欠落→久離→帳外れ」の過程とともに、無宿発生コースとしてもっとも重視すべきは、「追放刑」を受けたものが居所「お構い」となり、帳外れ＝無宿化されていく場合である。

阿部が同書を執筆した意図は、従来の「無宿」観が、「博奕《ばくち》に手を出して身を持ち崩し、

『無宿』となる者が多かったという、『博徒』『悪党』の色眼鏡を通して見て」いるのに対して、帳外れとなる「その時の恐ろしさも充分に承知しながら、あえて自らの意志で、身分組織からの離脱を図り、帳外化することで、身分制社会の原則に抗して生きる道を探ろうとする者が増大してきた」とする、無宿化した人々の「決断や選択」の意志を重視して、そこに積極的な意味を見出そうとしたところにあった。そのため阿部は、本人の意志とは無関係な、目上の親族から役所へ届け出される「勘当」と、本人の意志でする「欠落」を区別した。しかし、阿部の議論は、いささか期待先行の観がいなめず、「欠落」にどれほど積極的な主体性を認めうるか疑問である。また、勘当と久離が混同されるようになった近世後期の段階で、「勘当」と「欠落→久離」を区別する必要性があるかも疑問である。

以下で検討するように、紀州藩では、両者は「義絶」の言葉でまったく区別せず使われているからである。それゆえ、本章では、勘当や欠落から発生する無宿化を「無罪の無宿」、追放刑から発生する無宿化を「有罪の無宿」として考察していく。そして、十八世紀を通じては、「有罪の無宿」対策が中心であったのに対して、十八世紀末から十九世紀以降は、「無罪の無宿」が急増し、その対策が重要になっていくとともに、偽往来手形の問題が派生してくる事情を明らかにしていく。

なお、今川徳三は『江戸時代無宿人の生活』（雄山閣）で、寛政八年（一七九六）七月の幕府の江戸町触《ちょうぶれ》を引用して、「寛政になって、勘当ものが、急激に増えた」背景について、縁座《えんざ》や連座《れんざ》制のため、親兄弟や親類、町や村が、悪事の責任逃れのため、素行の悪い子弟を安易に「久離帳外」にするようになったからだと述べている。しかし、この時期にどの程度増加したかを具体的に検討したわけではなく、説得力は乏しい。十八世紀末から十九世紀になって、「久離帳外」がなぜ安易になされていくのか、この問題についても考察していこう。

目良村太四郎の死

まず、ある帳外れの死をめぐって問題点を探っておこう。

目良《めら》村和助弟太四郎（五三歳）は、天保十四年（一八四三）五月六日、「田辺家中大江芳左衛門様養子大江藤兵衛」に原谷若山《わかやま》屋楠右衛門方の表で、田辺のとぎ安という者との人違いで殺されてしまった（『紀州田辺御用留』）。太四郎は、武家方に養子や奉公するうちに、「村方帳面」からはずれたままになっていた（帳外）。殺害された当時は、和歌山御表方御医師金丸玄意に奉公していた。太四郎が殺害された際、まず原谷より金丸氏へ連絡がいったが、金丸氏は、このあいだ暇を遣わしたから、関係はない、親類へ知らせてやるように、と拒否した。それで飛脚は、太四郎悴鶴《せがれ》という和歌山に奉公している者と、太四郎の兄弟である紙屋仙右衛門女房いしに知らせた。驚いた仙右衛門といしは、目良村に書状を送り、「ただ御上様の御趣意を戴くよりほかに他事なし」と伝えた。目良村では、両名の書状をうけ、太四郎は帳外ではあるが、村方で御願いして無宿になったわけではないので、どのように取り計らったらよいかと、代官所に御伺い申し上げた。代官所の元締深見氏の返答は、「右は帳面になきこそ幸いなれ、無宿の取り計らいにし、和歌山の親類へも右の趣を障りなく程よく返事して遣わすように」というものであった。深見氏は、田辺家中の武士が田辺領内出身者を誤って殺害した事件なので、面倒になることを恐れて、無宿者が殺害された事件として穏便に処理したかったのだろう。目良村の村役人は、右の返答に応じて、紙屋仙右衛門に次のように知らせた。すなわち、

差し当りの災難、これも前世の約束事なので、何ともいたし方なき事だ、太四郎は先に御上御奉公をし、少々不調法があり、御暇が出てからは村方帳面へ加えなかった、現在は無宿なので、不便《ふびん》ながらそのままに打ち捨て置き、その所の作法どおりに任せ置くのがよいと存ずる、（中略）何ともいたし方なく、ただ因縁事とあきらめざる得ない

と申し送り、追伸で、大江藤兵衛は大江芳左衛門の次男で、「この間田辺で人に手を負わせて出奔したから、親芳左衛門様より勘当義絶の届が出ている、現在はこれも無宿浪人になっているので、ほんの切られ損と存ずる」と述べ、さらに、「いかなる掛り合いになる

かも計り難いから、太四郎が村方帳外になっている段、不便ながらまず幸いに存ずる」と、代官所も村役人もともに、太四郎が偶然帳外になっていたことを幸いに、無宿者が無宿者を殺害した事件として処理したのである。

無宿と「有帳者」の差

その後、大庄屋《おおじょうや》田所氏と目良村の村役人、太四郎の親類が、太四郎の死骸を受け取るため原谷に出発するにあたり、代官所の役人は田所氏に次のように指示した。

そこ元も村役人親類両人を召し連れ、太四郎の死骸を受け取りに出るよう、ただし太四郎は無帳者だが、先方は有帳者の体《てい》に取り扱っている、右のため雑用の義は追って取り扱い振りもある、かつまた太四郎死骸は仮埋めにしている由なので、右体なればそのままで引き渡しが済むよう取り計らうように、ぜひ引き取るようにたって申されれば、仕方なく掘り出し、当地へ引き取るはずに心得るよう、彼の地へ葬る場合は、近寺を頼み誦経《ずきょう》などは勝手次第である、右の経費などは随分心を付けるよう、雑費の掛け合いがあれば、仮葬そのほか差し掛かりの筋のみ払い、番人足賃などの類はいかように申しても、浮かし置きにして置くように

原谷では、太四郎を有帳者として取り扱っているので、太四郎の死骸の処置や諸費用に関し、かなり気をつかっていることがわかる。原谷では、和歌山よりの御沙汰で、太四郎

の死骸は、原谷の三昧（墓地）に仮埋めされていたため、そのまま埋め置くことで双方納得している。

　光明寺での葬礼が終わった後、原谷の属す入山組大庄屋代理木下伴蔵は、小蔭で田所氏に内々に、「当村も余程雑費が掛った、この件は和歌山表へ御伺い申し上げたが、貴様の思召しはどうか」と尋ね、田所氏が「太四郎仮葬などの入用は御払い申す」と返答したのに対し、まずは「和歌山表へ御伺い申し上げ」と回答し、田所氏も「左様ならばまず今日はそのまま罷《まか》り帰り申す」と答えている。出費をどうするかは双方にとってとても重要なことだったことがわかる。

　太四郎のように、結果的に帳外無宿として死んでいくような人々がいたことは、代官所や村役人にとって、そのほうが有帳者よりもはるかに簡便に処理できたからにほかならない。右の出来事は、そうした事情を鮮明に伝えてくれている。以下では、こうした無宿が江戸時代後期に急増してくる事情をパスポート体制と関連させて考察していく。

偽往来手形の横行

二件の偽往来手形

明和令は、五街道や脇街道の宿場旅籠屋《はたごや》だけでなく、村々で宿をとる旅人に対しても、病人は医師にみせ、療養を加え、往来手形を携帯していれば、旅行費用のない者でも、希望すれば、村継ぎで国元へ送るよう指示した。そのうえでさらに但《ただ》し書で、「旅人申し立ての在所へ送り届け、万一その在所の者でなければ、取り逃さぬようその所に留め置き、その筋へ申し訴えるように」と指示した。往来手形を携帯しているのに、なぜ在所の者でない場合があるのだろうか。この問題をまず考えていこう。

寛政七年（一七九五）六月、備後《びんご》（広島県）福山藩の藩主阿部正倫《あべまさとも》は、幕府老中安藤信成《あんどうのぶなり》に次のような伺書を提出した。阿部の領地備後国深津郡坪生村に、四月十八日、福山藩の領民で品治《ほんち》郡雨木村の百姓要蔵が、四国順礼中に病気となり、阿波国《あわのくに》（徳島県）板野郡宮川村から送り添状をつけて、「たくらという釣台（「行駄」に同じ）」に乗せ送られてきた。その後、村継ぎで送る途中病死してしまった。村役人が立ち会い改めたところ、年齢二五歳で疵《きず》もなく、病死に間違いないとのことであった。そこで、往来手形に奥印のある「本地郡新居村大防ならびに庄屋七左衛門」の両人を呼び出し糾明したところ、新居山村真言宗福盛寺《ふくじょうじ》住持大防は、「右のとおり切手を差し出したこともない、また印形や郡村名の認《したた》め方が相違」と申し立て、雨木村庄屋七左衛門も、「名前は相違でないが、奥印をしたことがなく、印形も相違」と申し立てた。そこで、阿部正倫は、この者が偽造した往来手形を携帯していたと判断し、その処置いかんを老中に伺ったのである（『古事類苑　政治部三』）。

右の記事から、要蔵が携帯していた往来手形は、旦那寺《だんなでら》と庄屋の名前をかたった偽往来手形であったことがわかる。庄屋の印形などは領主に提出されていた。つまり、現在の印鑑証明のように役所に届け出されていたので、本物かどうかはすぐ確認できたのである。

もう一つ例をあげておこう。

天保六年（一八三五）六月、備中国《びっちゅうのくに》（岡山県）川上郡西油野村古義真言宗観音寺政与は、偽往来手形作成に関与したとして逼塞《ひっそく》三〇日の処罰にあった。無宿嘉蔵は、無宿のことを隠し、備中国平川村庄兵衛を頼み、同国布賀村権七の明家《あきや》を借り請けてもらい、妻子と数月を過ごしたのち、備後国下門田村西教寺より認めてもらった往来手形を紛失したと偽り、観音寺政与に嘆いて、西教寺の往来手形の趣に「認めてもらい」、寺号へ観音寺の印形を押してもらったことが露見したからである（『岡山県史　第二十五巻　津山藩文書御定書』）。政与が嘉蔵にだまされ、往来手形の偽造に関与したことがわかる。右の二例から、偽往来手形が現実に作成され、通用していた事実が確認できるのである。

偽往来手形の発生

偽往来手形と思われる事例は、いつ頃からみられるのだろうか。鳥取藩の「在方諸事控」の宝暦十一年（一七六一）十一月十五日の条に、病死した廻国僧の記事が二つ掲載されている。一つは、往来手形に「奥州仙台料《（領）》栗原郡福岡村西心」とある人物で、伯州《はくしゅう》（鳥取県）会見《あいみ》郡日吉津村平次兵衛の手前で正月十六日に死去した。そのため、鳥取藩の国元から江戸御留守居に連絡し、仙台藩の御役人へ通達した。だが、仙台藩の回答は、仙台領で廻国に出た者はないとのことであった。もう一つは、往来手形に「上州《じょうしゅう》（群馬県）山田郡東金井村円心」とある人物で、気多《けた》郡河内村分吉の手前で死去した。そのため、国元から江戸御留守居に連絡し、旗本嶋《しま》田《だ》政弥《まさはる》方へ通達した。その結果、嶋田領の者に相違なく、「御念の入られる儀、諸道具ともに然《しか》るべく御取り計らい下さるように」との回答を受けている。右のうち、円心は、「宝暦二年に四国六十六部《ろくじゅうろくぶ》に罷り出た」者だという。右の二つの事例から、最初の西心が携帯していた往来手形は、偽物であった可能性が高いといえよう。この時期は、すでに指摘したように、旅人が往来手形を携帯するようになっていたことから、偽往来手形も出回るようになったと考えられる。

病人が国元を偽ったため、途中での送り戻しが問題になる事例は、明和令以降に目立ってくる。右のような事情からか、往来手形の信用確認が求められてくる。「在方諸事控」の文化十四年（一八一七）五月四日の条に次のようにみえる。「筑前国《ちくぜんのくに》（福岡県）怡土《いと》郡周仙寺村久兵衛」は、会見郡佐陀村で足を痛めたため滞留させ、慥《たし》かなる往来手形を携帯していたから、順々に送り返したという。この頃には、往来手形に信用が求められるようになっていたことがわかる。

天保年間になると偽往来手形の事例はさらに多くなる。天保七年（一八三六）四月晦日の条に（「在方諸事控」）、次のようにみえる。「（鳥取県）米子法勝寺町《よなごほっしょうじ》宇右衛門ならびに同人悴《せがれ》岩松」が西国順礼に出、宇右衛門が但馬国《たじまのくに》（兵庫県）で病気になり、青駄《あおだ》（「行駄」に同じ）に乗せ送られてきたが、邑美《おうみ》郡浜坂村で四月五日に死去した。そのため、往来手形により、米子表に取り糺したところ、「根帳切の者」（帳外《ちょうがい》）と判明し、死骸は取り埋めとなり、岩松は村方追い払いとなった。この場合、宇右衛門は帳外《ちょうはず》れになっていたのだから、携帯していた往来手形は偽物だったことになる。右のように、村送りになったが、申し立てた在所が実際には偽りだった事例がこの頃多くなっていた。

天保八年三月十七日付の津山《つやま》藩「御定書」（『岡山県史　第二五巻』）は、「近来は市郷の人別にもなき者（帳外）が、御領分の者と偽り申し立て、継ぎ送り来たることがたびたびあり」と述べ、次の事例をあげている。座頭《ざとう》竹ノ都は、津山境町の者と偽り、備後国福山領から境町へ送られる途中、古城村から境町へ連絡したところ、同町人別の者ではなかった。そこで糾明すると、播州《ばんしゅう》姫路《ひめじ》出生の者で、数年前生国を出て人別にはなく、境町に逗留《とうりゅう》したことがあったので、名と所を偽り送り出しを願ったというのである。

往来手形の不安定性

すでに村送りの項で述べたように、天保期には、偽った国元を申し出たり、偽往来手形で村送りされたりして、途中でそれが露見し、継ぎ送りと送り戻しがくり返されるような事態が頻繁になってきた。「在方諸事控」の天保九年（一八三八）六月六日の記事は、そうした事態への藩側の対応である。すなわち、米子岩倉町河瀬屋九兵衛悴栄次郎は、美作国《みまさかのくに》（岡山県）で病気になり、同州西々条《さいさいじょう》郡斎原村より送り状を添えて米子まで送られてきた。しかし、同所の者でない由で、書付を添え送り戻し、順々に国境《くにざかい》まで送った。しかし、送り戻しは向方より受け取らず、またまた米子の方へ送り懸け、河村郡今泉まで参ったが、次村が受け取らなかったため、仕方なく同村へまず留め置き、取り計らい方を領主に伺った。その結果、明和令に「万一その在所の者でなければ、取り逃さぬようその所に留め置き、早々訴え出るようにとの御作法」があるので、またまた米子まで送り遣わすよう申し付けられ、御作法どおりになったという。明和令の但し書に準拠した解決策である。

送り戻しがくり返される事態は、隣藩の津山藩でも同様であった。先に取りあげた座頭竹ノ都の場合も、「左様の者を引き受ける者がなく、かれこれ手間取り、入口村々が難渋になるから、以後は御領分の入口村々に留め置かず、名指しで送り来たった町村へ送り届け、その所より対応を申し出れば、途中の筋々で取り計らいを同様にしたい、そうすれば、入口村々が難渋にならず済み申すと存ず」とあるように、明和令の但し書にそった対応がとられている。つまり、まずは予定の送り先に届け、そこで吟味せよというのである。鳥取藩と津山藩がともに明和令に準拠した対応をとっていたことがわかる。こうした事態の原因は、往来手形が、町や村の年寄《としより》や庄屋《しょうや》、あるいは旦那寺の確認のみで発行されたからである。往来手形のこうした不安定性は、明和令以後、かなり早い段階から認識されていた。

偽往来手形対策

明和令が出される直前の明和四年（一七六七）九月二十四日に、刈谷《かりや》藩（愛知県）家老の指示で代官が村々に廻状を触れ出した。すなわち、今後は往来一札を寺院が出す場合、「後日に相違がないように承《うけたまわ》り糺《ただ》したうえで、取り次ぎ申すように」とある。今後往来手形を発行する場合、役所へ申し達し、指図があってから発行するようにというのである（『刈谷町庄屋記録』）。寺院の往来手形発行に一定の規制が設けられたことがわかる。

また尾張藩では、享和三年（一八〇三）四月に出された寺社奉行所触《ふれ》（『一宮市史　史料編七』）に、「今後、百姓が廻国順礼などに罷り出る節、旦那寺の送り一札を申し受けたければ、役所へ願い承り届けられたうえで、その段を書付にし、所庄屋よりその旦那寺へ差し出し、送り一札を受け取り申すように」とみえ、役所が介在して出すよう規制していたことが確認できるのである。

右の刈谷藩や尾張藩の事例は、寺院や庄屋・年寄が参詣人などと相対《あいたい》で往来手形を発行することに危険を認め、往来手形の信用を高める方向に向かっていたことを知らせてくれる。偽往来手形への対応が、往来手形の発行に領主の介在を促していったといってもよい。

右のような事情を背景にして、天保年間になると、すでに述べたように村送りをめぐってさまざまな問題が生起してきた。天保十四年（一八四三）三月の幕府人返《ひとがえ》し令のなかの一条、「廻国修行、六部、順礼などに罷り出る者は、（中略）以来は村役人より御代官領主地頭へ願い出」て「許状」をもらうように、との指令は、幕府の右のような事態に対する一つの対応策でもあった。帳外れの急増による無宿の全体的増加は、結果的に人別人口の減少をもたらし、単なる治安問題としてだけでなく、幕藩体制の根幹を揺るがす事態を招くことになったからである。すなわち、無宿が各地で活動し、パスポート体制を悪用して、偽往来手形によって村送りなどの便宜を享受することで、地域社会の活動を阻害させるなど、偽往来手形の問題は江戸時代後期の一つの危機的状況を象徴的に示していたのである。

そこで次節では、十九世紀になって無宿が急増する事情について紀州田辺領を素材に考察していこう。

義絶帳外急増の背景

田辺領の義絶と追放

田辺領の史料にみえる「義絶帳外《ぎぜつちょうがい》」について説明しておこう。

義絶とは、律令では妻に対する強制離婚をいい、中世では父母・祖父母の命に違反した子孫の追放、子孫の犯罪による縁座《えんざ》を免れるため、その家族関係を絶つことをさした。近世になると、義絶は同等の親族間で行われ、久離《きゅうり》・勘当《かんどう》がともに目上の者が目下の者との関係を絶つものとされたが、近世後期には、義絶は久離・勘当と混同して用いられるようになった。『地方凡例録』によれば、勘当は親や師匠の場合のみで、兄姉や伯父母の場合は久離とするが、紀州藩では、義絶の語が一貫して用いられている（『南紀徳川史　第十三冊』）。また、帳外《ちょうはず》れとは、親類や村役人が縁座や連座《れんざ》による将来の災難を未然に防ぐため、領主に願い出て宗門人別帳《しゅうもんにんべつちょう》から削除してもらうことで、欠落《かけおち》は、欠落届の提出後六ヵ月たって、宗門人別帳からの削除を願うことである。

田辺領では、親や親類が村役人と連署している場合は義絶帳外願で、親や親類が関係せず村役人のみが提出する場合は帳外願となっている。親や親類の義絶帳外願は、対象者が在宅か家出かは関係なく、どちらの場合も出されているが、家出文言のない場合の方が圧倒的に多く、阿部昭が区別した「勘当」と「欠落→久離」の区別はまったくされていない。

次に追放について。田辺城下の追放刑は、居町《いちょう》、惣町《そうちょう》、田辺組、城下、城下・田辺組、十里外、二十里外、領分、在方では、居村、城下江川浦、組内、城下・田辺組、領分のそれぞれからの追放があった。いずれも少額の盗みや博奕《ばくち》などの軽罪が中心である。

無宿の再生産

『田辺町大帳』（以下、大帳と略記）から義絶帳外と追放の記事を抜き出して一覧表を作成した⑤（未掲載）。⑤のうち、貞享二年（一六八五）から一〇年ごとに一九段階にわけてまとめたのが表8である。また義絶年齢が判明する者について一〇歳きざみでまとめたのが表8のa～gである。表8からわかる注目すべき論点を次にあげてみよう。

表8の「義絶・追放」の箇所のうち、義絶・出奔《しゅっぽん》と追放の合計人数を折れ線グラフにしたのが図12である。また、「義絶・追放」の箇所のうち、義絶人数を実線で、追放人数を点線で折れ線グラフにしたのが図13である。

図12から次のことがわかる。義絶や追放は、宝暦末年までは一〇年間で最大四名とごく少なかったが、その後次第に増加し、天明飢饉の時期に最初のピークを迎えたこと、その後は二〇名前後が続き、天保飢饉の時期に二度目のピークを迎えると同時に、天保期以降は天明飢饉時よりも多くで推移していることである。また、図12と図9（一五九ページ）を比較してみると、両者は天保期までほとんど同じ曲線を描いている。つまり、乞食死《こじき》の人数と無宿《むしゅく》の人数の変化が、ほぼ並行した動きを示しているといってよい。無宿が増加するにつれて乞食死も同様のペースで増加したことがわかるのである。

図13からは次のことがわかる。まず、天明飢饉以前は、義絶も追放も一〇年間で一〇名以下と、一年平均では一名に満たない状態が続いたこと。その後、義絶も追放も増加するが、追放は最大でも二八名と極端な増加をみせないにもかかわらず、義絶は天保期から急増し、天保飢饉時にピークを迎え、その後も追放を大幅に上回ったまま推移していることである。つまり、追放は天明頃からある水準のまま大きな変化をみせていないのに対して、義絶は天保期以後、急増したままであったのだ。右の事実から、十八世紀末からの無宿の増加は、最初は義絶や追放がそれ以前にくらべともに増加したことから発生したが、文政から天保期以降の急増は、追放の増加ではなく、義絶が急増した結果だといえるのである。

次に注目したいことは以下の事実である。義絶のうちあとで赦免になった者の割合は約一五%、追放のうちあとで赦免となった者の割合は約五〇%だということである。つまり、比較的軽罪の追放者の場合、追放後に親や親類が町役人や村役人、あるいは旦那寺《だんなでら》を通じて領主に願い出れば、半数の者が赦免されたが、義絶の者は、わずか一五%ほどしか赦免されていないことがわかる。追放者がそのまま無宿にとどまる割合は半分ほどなのに対して、義絶者はほとんどが無宿の境涯にとどまっていた。義絶者の総数が追放者総数の約

義絶年齢								追放(人数)		
a	b	c	d	e	f	g	小計	赦免	男	女
0	0	0	0	0	0	0	0	0	0	0
0	0	0	0	0	0	0	0	0	1	0
0	0	0	0	0	0	0	0	0	0	0
0	0	0	0	0	0	0	0	0	0	0
0	0	0	0	0	0	0	0	0	1	0
0	0	0	0	0	0	0	0	0	4	0
0	0	0	0	0	0	0	0	7	2	0
0	0	0	0	0	0	0	0	0	0	0
0	0	0	0	0	0	0	0	0	3	0
1	1	0	0	0	0	0	2	1	2	1
2	7	2	0	0	0	0	11	12	27	1
1	4	1	0	0	0	0	6	5	12	2
3	1	1	1	0	0	0	6	5	6	1
0	6	6	1	0	1	0	14	6	6	3
3	15	5	2	1	0	0	26	10	19	5
19	29	14	6	3	2	0	73	10	17	2
4	22	7	6	0	0	1	40	15	20	6
10	24	13	8	2	0	2	59	5	6	2
0	4	1	1	0	0	0	6	0	2	0
43	113	50	25	6	3	3	243	76	128	23

〜39歳)，d(40〜49歳)，e(50〜59歳)，f(60〜69歳)，

表８　10年ごと義絶・追放者件数一覧（田辺城下分）

年代		義絶・追放(人数)				義絶(人数)		
		義絶	出奔	追放	小計	赦免	男	女
1	1685～1694(貞享２～元禄７)	0	0	0	0	0	0	0
2	1695～1704(元禄８～宝永元)	0	0	1	1	0	0	0
3	1705～1714(宝永２～正徳４)	0	0	0	0	0	0	0
4	1715～1724(正徳５～享保９)	0	0	0	0	0	0	0
5	1725～1734(享保10～享保19)	1	0	1	2	0	1	0
6	1735～1744(享保20～延享元)	0	0	4	4	0	0	0
7	1745～1754(延享２～宝暦４)	1	0	2	3	0	1	0
8	1755～1764(宝暦５～明和元)	2	0	0	2	0	2	0
9	1765～1774(明和２～安永３)	5	1	3	9	1	3	2
10	1775～1784(安永４～天明４)	8	0	3	11	1	6	2
11	1785～1794(天明５～寛政５)	18	0	28	46	4	14	4
12	1795～1804(寛政６～文化元)	13	0	14	27	3	13	0
13	1805～1814(文化２～文化11)	8	1	7	16	2	7	1
14	1815～1824(文化12～文政７)	16	0	9	25	5	12	4
15	1825～1834(文政８～天保５)	28	0	24	52	5	22	6
16	1835～1844(天保６～弘化元)	77	0	19	96	7	58	19
17	1845～1854(弘化２～安政元)	40	2	26	68	11	30	10
18	1855～1864(安政２～元治元)	66	6	8	80	5	50	16
19	1865～1867(慶応元～慶応３)	9	0	2	11	0	6	3
合計		292	10	151	453	44	225	67

注(1)：⑤を基に作成．

注(2)：ａ～ｇは年齢が判明する分のみ．ａ(10～19歳)，ｂ(20～29歳)，ｃ(30
ｇ(70歳以上)．

図12　義絶・出奔・追放合計人数10年ごと統計

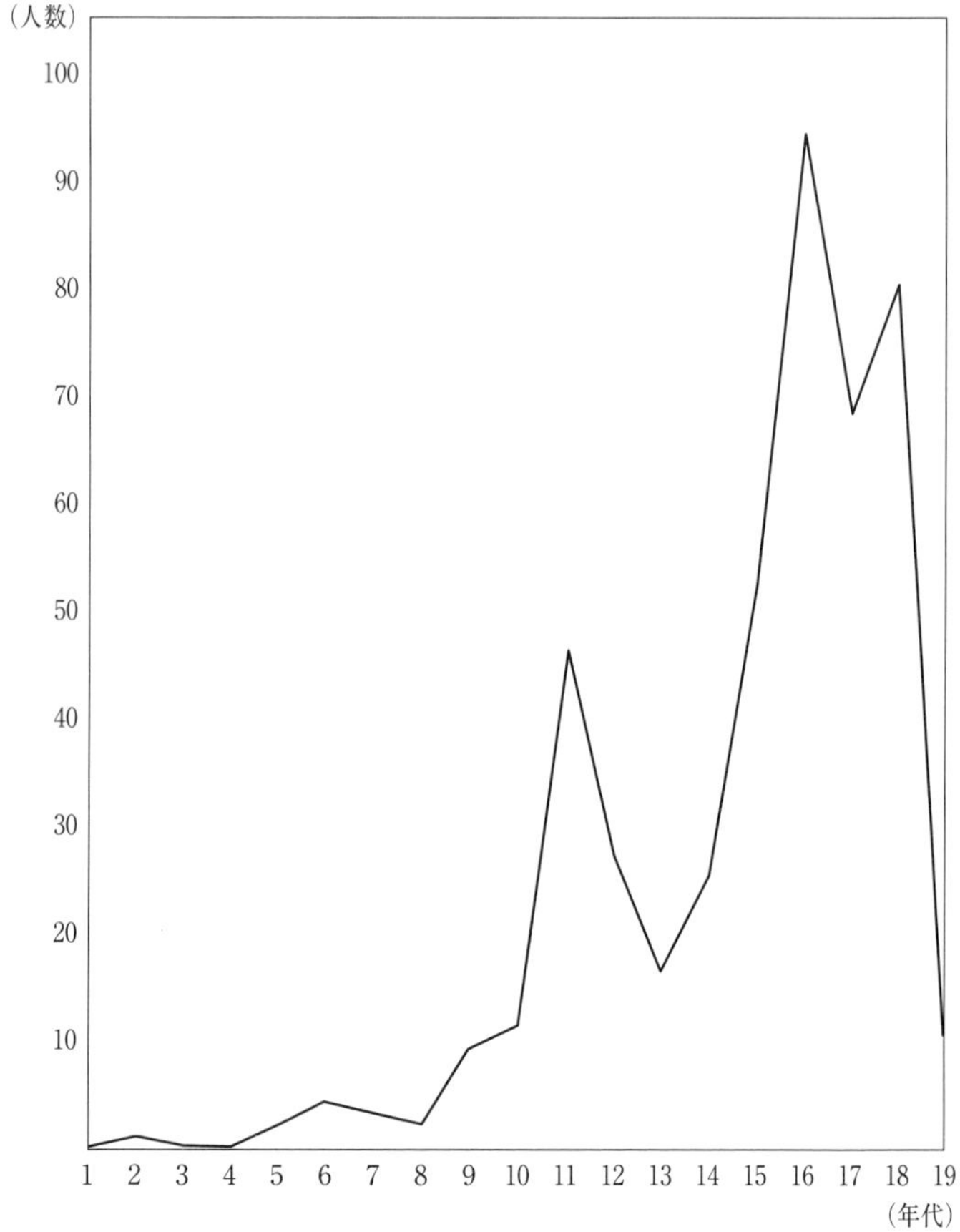

図13　義絶（実線）・追放（点線）人数10年ごと統計

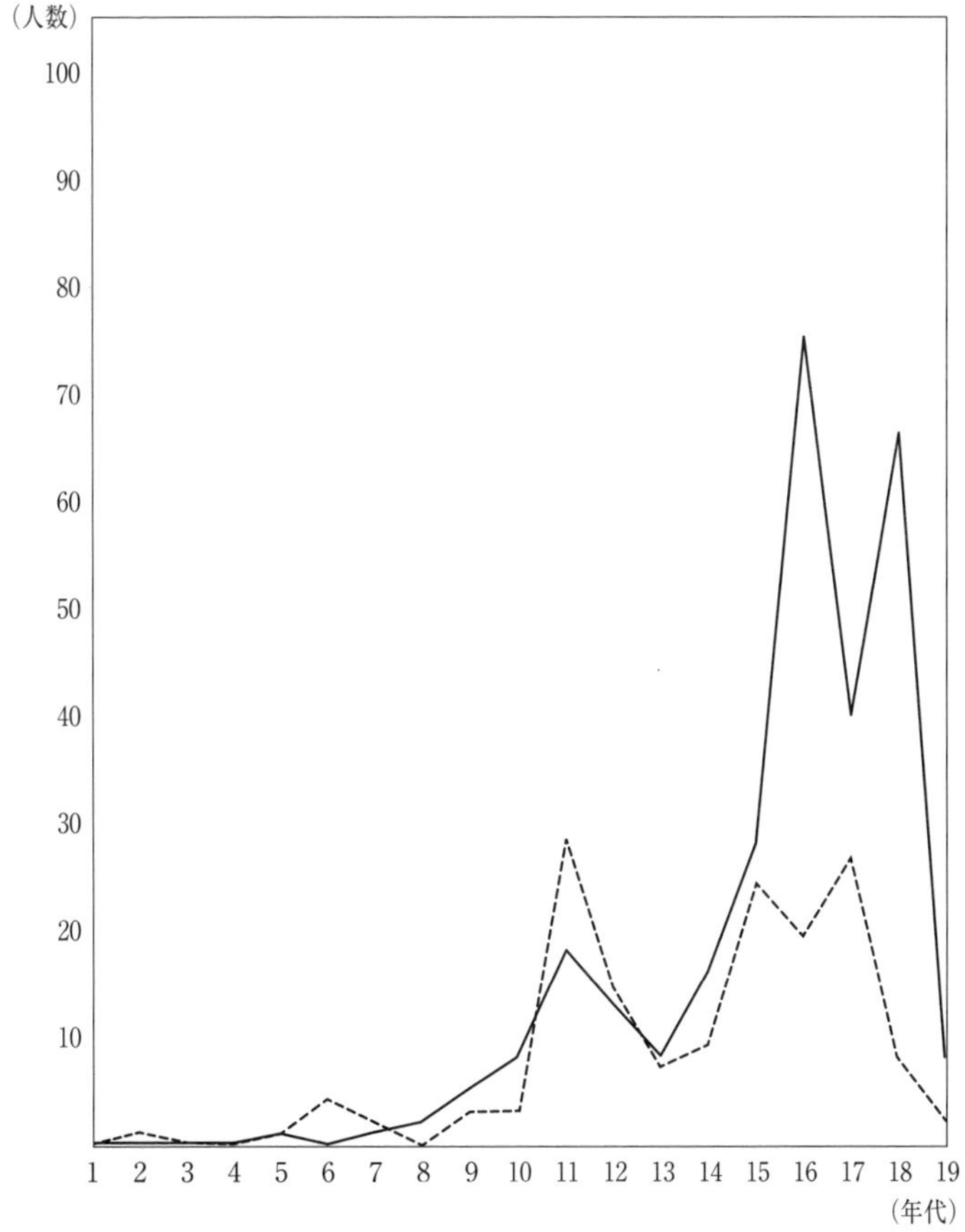

一・九倍であったことを考慮すれば、無宿の再生産は追放者というよりは義絶者だったと考えるべきだろう。特に天保期以降はそうした傾向が顕著だといってよい。

義絶の低年齢化と女性の増加

こうした傾向は在方でもほぼ同じと考えられる。表9は、『田辺万代記』（以下、万代記と略記）と『紀州田辺御用留』（以下、御用留と略記）を素材に、文政十二年（一八二九）から弘化三年（一八四六）まで、一八年間について、表8と同様の方法で、義絶と追放についてまとめたものである。年数は少ないが参考にはなると思う。

義　絶　年　齢								追放（人数）		
a	b	c	d	e	f	g	小計	赦免	男	女
2	13	3	1	2	0	0	21	22	33	9
26	32	18	12	6	1	0	95	11	29	3
1	3	1	1	0	0	0	6	0	9	0
29	48	22	14	8	1	0	122	33	71	12

さて、天保飢饉時に義絶は追放の約三・三倍で、表8の約四倍に比較的近い。また、義絶のうちあとで赦免となった者の割合は一五％、追放のうちあとで赦免となった者の割合は約四〇％となっている。さらに、義絶者の総数が追放者の総数の約一・七倍であった。表8にくらべ、追放者の赦免割合が若干低く、義絶者総数も倍率が若干低いが、義絶と追放の関係は、全体として、在方も城下とほぼ同じであったといってよいだろう。

表9　10年ごと義絶・追放者件数一覧（在方分）

年代		義絶・追放（人数）				義絶（人数）		
		義絶	出奔	追放	小計	赦免	男	女
15	1829～1834（文政12～天保5）	29	0	42	71	7	20	9
16	1835～1844（天保6～弘化元）	104	0	32	136	14	68	36
17	1845～1846（弘化2～弘化3）	7	0	9	16	0	5	2
合計		140	0	83	223	21	93	47

注(1)：『田辺万代記』『紀州田辺御用留』を基に作成.
注(2)：義絶年齢欄は表8と同じ.

なお、表8と表9の義絶年齢区分をみると、二〇代が圧倒的に多く、次に一〇代と三〇代が多くなっている。義絶という行為から二〇代がもっとも多いことは納得できるが、天保期には一〇代が急増していることに注目したい。のちほど検討するが、天保期以後の義絶急増の背景に、問題のある者を早めに町や村から排除する傾向が生じたと考えられるからである。また、追放の場合、女性は男性にくらべ全体的にかなり低いことがわかるが、義絶の場合は、天保期以降、女性もかなり多くなっていることが注目される。天保期以降の義絶の急増は、このような低年齢化と女性の増加という事情が背景にあったといえよう。

右にみてきたように、十八世紀末からの無宿の増加は、義絶と追放が両者ともそれ以前にくらべ増加したことから生じ、やがて天保期以後、追放はほぼ変化しないにもかかわらず、義絶が急増したことで、無宿全体の急増につながったと考えられる。では、義絶は十九世紀になってなぜ急増したのだろうか。

義絶急増の理由

田辺城下では、享保十九年（一七三四）の「義絶」が初見で（大帳）、その後散見されるようになる。義絶と帳外の語がセットになるのは、安永七年（一七七八）六月の庄兵衛の事例である（大帳）。この段階では、「一類共」（親や親類）が町年寄に義絶願を提出し、町年寄が宗門人別帳から省く帳外願を大年寄《おおどしより》（三人）と大庄屋《おおじょうや》宛に出し、さらに四人から町奉行所に提出され、聞き届けられて義絶帳外になった。この頃から、親や親類と町年寄が連署した義絶帳外が多くなり、享和元年（一八〇一）以降は、基本的にこの様式のみになっていく。天明飢饉頃から義絶が増加するので、そうした状況に対応して、奉行所への届け出を簡略化した結果だといえよう。そして文言も、「以前から不行跡者で、一類共より段々異見をしたが、受用しないので」と、ほぼ同じ定型文言になっていく。たとえば、文化九年（一八一二）十二月の半蔵の場合、盗みが露見し、出奔した際にも、右のような文言で義絶帳外願が出されているのである（大帳）。

ところで、『地方凡例録』によれば、親類や村役人が欠落や不行跡者を帳外れにするのは、「宗門帳に加えおいては、どのような災難が出来《しゅったい》すべきも計り難いから」で、帳外れにすれば、「たとえ本人が犯罪をおこし処罰される事があっても、父兄や親戚に連累を及ぼさない」からであった（『南紀徳川史』）。右の連累とは、縁座や連座をさし、人殺しなどの重犯罪があった場合、親や親類などの血縁者や村役人・五人組などが一定の刑事責任を負うことをさす。しかし、江戸時代の場合、武家には厳しく適用されたが、農民や町人など平人にはそれほど厳しくなかった。

にもかかわらず、天明飢饉頃から義絶が増加し、天保飢饉以降さらに急増していったのはなぜであろうか。一つには、天明や天保飢饉時、困窮した町人や農民が食べ物を求めて乞食に出、そのまま行方不明になる場合が多く、親や親類、村役人などが、後難を恐れて義絶帳外にすることがあったからである。だがこの場合なら、飢饉が終われば減少するはずであるが、表8によれば、天保期以降も義絶帳外が多いまま幕末へと続いていることがわかる。つまりこの時期の急増は、飢饉といった天災による以外に、別の理由があったと考えられるのである。それは何か、次に検討していこう。

縁座と連座

縁座や連座は、関連する人々に莫大な負担を強いることになった。たとえば、文久二年（一八六二）六月、南部の大庄屋が田辺組の田所氏に次のような内容の書状を送った（御用留）。すなわち、北道《きたどう》村文右衛門悴《せがれ》茂助が大坂伊賀屋鉄次方で奉公中に、同人方の代呂物《しろもの》を持ち逃げし、田辺表で商い中に召し捕えられ、御吟味のうえ、永々囲い（牢入）を仰せ付けられ、茂助は大坂表へ引き渡しになった。そして、役人の滞留中諸雑用や公事方《くじかた》御調べの節の諸入用が重く、凌ぐ手段がないので、文右衛門の財産を残らず売り払わせたが、十分でなく、何ともいたし方がないので、仕方なく難渋のところは類掛《るいか》け（親類負担）を御願い申し上げ、御聞き済しのうえ、別紙のとおり親類へ割符《わっぷ》（割当てること）に及び申したと述べ、弁済額を記している。総額銀で七貫《かん》三四二匁《もんめ》一分二厘、そのうち文右衛門の財産や家屋敷の売上過銀ならびに市売り代などを引いて、差し引き五貫七三四匁五分一厘が「親類割」になっている。これが「類掛け」に相当する。そして、文右衛門従弟大西屋次六妻の銀四一〇匁以下が書き上げられている。遠隔地での不埒《ふらち》では取り調べの役人衆の往来費用まで必要になり、親が家屋敷などを売り払っても、莫大な弁済金が残ることになり、親類などにまで負担がかかることになった。一人の不始末は、親だけでなく親類などにまで多大な負担をかけることになったのである。そうした負担を避けるため、素行不良の者を早めに義絶帳外にせざるをえない事情が垣間見られる。しかし、義絶帳外にすれば、負担が必ず避けられるわけでもなかった。そうした事情を次にみていこう。

無宿でも縁座・連座に

安永四年（一七七五）四月、南新町に住居していた、三吉後家と弁助後家のうち、帳外れであった弁助後家はるが、盗物を上長町浜屋源七方へ質に置いた事件が発覚した。この事件で、はるは「浜屋店へ取り次いだ質物代と衣類小道具までも取りあげられ、償《つぐな》いを申し付け」られ、追い払いとなった。その際、南新町の町年寄・組頭・五人組は、奉行所から、帳外れのはるを差し置くなど町内示し方が不行届だとの理由で、「このたびの諸雑用の償い」として、はるの分で不足した場合、償いが申し付けられている（大帳）。

右の事件は、帳外れのはるが、盗物を質屋に入れ、質物代三九匁を取ったことが露見し、追放になったものである。たとえば、「公事《くじ》方《かた》御《お》定書《さだめがき》」（『徳川禁令考』）に「盗物と存ぜず、証人を取り、通例のごとく質に取り、吟味のうえ、盗物の儀存ぜざる訳に決まれば、証人に元金を償わせ、質物は取り返し、盗まれた者へ渡し申す事」とあるように、質屋が盗物と知らずに質を取った場合、盗物を質物に置いた際の証人に元金の弁済が命じられている。つまり、右の場合は、はるが証人に相当するのだろう。しかし、はるは帳外れなので、はるの関係者が通常なら縁座や連座の対象になることはない。にもかかわらず、町年寄・組頭・五人組が不足分の償いを申し付けられたのは、帳外れのはるを居住させるなど、町役人としての役割を果たさなかったからである。「公事方御定書」に「人別帳にも加えず他の者を差し置いた場合の御仕置きの事」として、名主は重き過料、組頭は過料とある。この規定が適用されたのであろう。

同様の事例として、嘉永四年（一八五一）十月十四日に、無宿者の林之助妻を同居させていたため、親類一二名が一二四匁二分六厘の支払いを命じられた例（大帳）や、文化十四年（一八一七）十二月二十二日に、博奕《ばくち》をして領外追放になった際、親類や近隣の者が過料を命じられた例（大帳）などがある。いずれも縁座や連座が適用されたものである。

縁座・連座の新規定

嘉永五年（一八五二）十一月に、網屋幸吉忰竹吉が盗みで召し捕えられ吟味を受けた。その際の費用四六〇匁の償い方について、南新町からの願書に対して、奉行所は次のような先例を申し通した（大帳）。すなわち、天保三年（一八三二）の通達の趣旨は次のとおりである。盗賊などに関係した無宿者を召し捕え、入牢や番をさせた際、無宿者を置いた町や村に雑用を申し付けるので、心得ておき、無宿者を差し置かないようにせよ。また天保九年の通達は次のとおりである。盗物を質にとった場合、置き主が有宿者であれば、置き主が弁済する。置き主が難渋者（生活困窮者）であれば、これまでは「親類掛け」か「その所掛け」、つまり親類や地域の者が弁済してきたが、今度次のように定めた。すなわち、置き主や親類が難渋でその所掛りになった場合、今後は質屋三歩損、盗まれ主四歩損、残り三分はその所掛けとする。ただし、置き主や親類が相応の者で所掛けに及ばない場合は、これまでどおりにする。また、有帳者が召し捕えられ入牢となって、盗物が盗難者に返される際、盗物が質に入っており、盗人の親類が極難渋の者で、質物を取り出すことができない場合、質物の七分（七割）の金で質物を取り出し、三分は質屋の損とし、盗難者へは六分方の返還で、四分の損とする。この方式での不足分と入牢などでの雑用などは、「親類やその町村」から出金させるので心得るように、というものである。

この通達にそって、嘉永七年九月と安政三年（一八五六）六月に、二つの「覚」が南新町に出された。まず、前者の覚では、「竹吉雑用」の銀三二七匁八分六厘のうち、一〇二匁二分は、南新町年寄が立替、残り二二五匁六分一厘は奉行所の盗賊方が立替、その利息が五一匁四分四厘であった。利息分は、子《ね》十二月より寅《とら》六月までの一九ヵ月分なので、年約一割二分ほどであった。親類中の七名は、後者の覚で、南新町年寄立替分と盗賊方立替分、および盗賊方の利息分として、合計金額三八四匁三分が請求されている。この額は盗賊方と年寄方への立替分三七九匁三分より五匁多い。この理由は不明だが、あるいは年寄への利息なのかもしれない。この場合は、親類が相応の者だったから、天保九年の通達に「これまでのとおり」とあるように、所掛けにはならず、竹吉の親類七名で弁済されたことがわかるのである。

ところで、竹吉の雑用割掛の記事と同時に、南新町直川屋次兵衛後家の出銀筋が申し付けられている。次兵衛後家は、嘉永五年十月八日に、元田辺組伊作田村谷無宿弥兵衛を盗賊とは知らず、毎々出入りさせていた罪で叱り申し付けられた。その後、嘉永七年九月に、盗賊方から南新町が立替えた雑用分二七八匁六分の「二ツ割」、つまり半分の一三九匁三分の納付を申し付けられた。そして、安政三年六月二日に盗賊方から、南新町直川屋次兵衛後家類掛けとして、次兵衛の兄弟三名、婿《むこ》一人、従弟二人、その他親類一三名の合計一九名に、一三九匁三分を来る十日までに南新町へ差し出すように申し付けられた。先の天保三年の通達に、無宿者を差し置いた場合、その町・村方へ雑用を申し付けていることから、まず南新町が負担し、その後安政三年に、次兵衛後家の親類が南新町に半額を返納したのである。

なお、雑用代は、次のようなもののことである。すなわち、嘉永六年三月二十三日の条に（大帳）、下長町の大西屋猪兵衛が紛らわしき銀細工をし、召し捕えられ、吟味のうえ、牢入りを申し付けられ、居宅および家財の没収となった。その際、兄次兵衛も知らなかったとはいえ示し方不埒として居町追放になった。その時の御吟味中雑用・番賃・飯米などの分は、「町内または猪兵衛親類より取り替え置き」となった。つまり雑用代とは、召し捕え、吟味中の牢扶持《ろうぶち》などの諸費用のことをいうのである。

幕府咎人吟味費用の村負担

もう一つほかの地域の事例を示しておこう（「在方諸事控」）。天保元年（一八三〇）七月、伯州（鳥取県）汗入《あせり》郡国信村百姓元右衛門悴武七、同人妻ふで、同人娘なつの三人は、神社仏閣拝礼として罷り出たが、武七が武州（埼玉県）若小玉《わかこだま》村で病気になり、宿村送りを願い、継ぎ立てられてきたが、上州

（群馬県）碓氷《うすい》御関所で通行差し支えとなり、江戸の御奉行所で吟味中に病死した。天保二年六月に、幕府の勘定奉行内藤隼人正から鳥取藩に、「右の者は領分人別の者に相違なきや」と問い合わせがあった。

その結果、天保三年八月に、天保二年五月二十九日～同八月四日までの諸費用として、国信村百姓御吟味中諸入用および武七死去入用など旅籠屋《はたごや》渡しの代金、金六両三歩一朱と銭二貫四三四文は村方より取り立てとなった。また、ふでとなつを江戸表から国元まで送った諸入用（両人支度代、両人冬麁物《あらもの》代、付添御小人両人、万屋長右衛門より途中まで差し添え人代など）の金一八両二歩一朱と銭五貫九七四文の支払いが在方へ仰せ渡された。しかし、天保四年二月、国信村の庄屋・年寄は連署し、ふでは親元に帰り、元右衛門は貧窮でかつ極老のため村養いの状態で御上納は無理なので、幕府での吟味中の入用は村方で割符し上納するが、ふでとなつの帰国に要した費用は、何とか免除されたいと願い出、聞き入れられた。後者の費用は免除されたとはいえ、村方の負担は相当なものであったことがわかるのである。

帳外後三年間は親類負担

縁座や連座は、その後さらに細々した規定が追加されていく。たとえば、万延元年（一八六〇）八月八日、紺屋義蔵弟鉄蔵が町方の方々で不埒をした事件に関して、次のような「御定」が記されている（大帳）。

御定

帳付《ちょうづけ》の内盗みをし、無宿になってから露顕した際、帳外れを願い出て年数三ヵ年の内であれば、その者の親類より出銀し、盗まれ主へ戻すはず、ただし雑用も同様三ヵ年立ち、四ヵ年目よりは質屋買い先・盗まれ主半方の損、雑用は上より下さるはず

右の記事で「帳付の内」は帳外れになる前の有帳の時期を意味し、帳外れになっても三年間は、親類が盗品の代金や雑用代の出銀をし、四年目からは、品物については質屋買い先と盗まれ主の半方の損、つまり半分ずつの損となり、雑用は、領主持ちとされたのだ。

右の御定で特に注意したいことは、帳外れになっても三年間は親類が出銀するとされている点である。天保期以降、一〇代の義絶帳外が急増するとすでに指摘しておいたが、その背景には、右の御定にあるような負担増の危険への対処があった。すなわち、問題がある場合、早めに義絶帳外にして切り捨てざるをえない状況が生まれつつあったと推察できるのである。

一〇歳での義絶

さて、一〇代の義絶帳外の事例を次に示しておこう。嘉永四年（一八五二）十月八日、片町の年寄が、町内の源兵衛娘たきという一〇歳になった者の義絶帳外を願い出た。しかし奉行所の役人は、「一〇歳位の者を義絶帳外に取り扱った例はこれまでない」と、願書を差し戻した。だが、それから四ヵ月後の嘉永五年

二月十八日、たきは、所々で盗みをし不届至極《ふとどき》とて、領分追放になってしまった（大帳）。

また、文久元年（一八六一）九月、くす弟音之助（一二歳）は、これまで不行跡者だったとして、くすや三人の伯父、上長町年寄が連署して、義絶帳外願を提出した。しかし、御支配から十月二十四日に、「右の者はいまだ若年であるから、しばらくのあいだ親類より世話するよう仰せ聞か」され、願書は却下された（大帳）。音之助のその後は確認できない。

たきや音之助のような、一〇歳や一二歳での義絶は、普通では考えにくい。奉行所の役人もそう考えたから、願い出を却下したのであろう。しかし、縁座や連座の重圧は、そうした常識的な考えよりはるかに強かった。そのため、親や親類、また町や村の役人は、早めの対応を急いだのだろう。一〇代は、将来の村や町を担う年齢層であり、村では貴重な労働力でもあった。つまり、村や町にとって一〇代はなくてはならない存在だったはずである。そうであれば、右の事態は、それでも一〇代を義絶帳外せざるをえない状況があったことを示している。縁座や連座による経済的負担の拡大がそれである。一〇代を村や町から排除することは、ある意味で村や町がみずからの首をしめる行為でもあった。にもかかわらず、一〇代を排除しているところに、幕末社会の危機的状況を読み取ることができるのである。

飢饉時の義絶帳外

義絶帳外は、右にみてきたように、不行跡から身を持ち崩していく場合が多かったが、飢饉時にも多かった。西ノ谷村佐七の忰兼之助は、天保九年（一八三八）七月、二〇歳の時、かねて不行跡者で毎々異見をしてきたが、一向受用せずとて、親や親類、庄屋から義絶帳外を願い出られ、同日御聞き済しになった。その後、天保十三年五月二十八日、庄屋寺嶋嘉兵衛から、親佐七の病気と本人の心底からの改めを理由に御赦免願が出された。その際庄屋は、別に「口上」を提出し、次のように述べている。

本文佐七忰兼之助は、先の米穀高値の節に難渋に及び、乞食に罷り出、諸方へ徘徊したため、万一心得違いなどを仕出してはいかがと、後難を恐れ義絶した者である

最初の義絶帳外願では不行跡を名目にしていたが、実際は、天保の飢饉時に乞食に出、そのまま行方不明になっていたため、後難を恐れて義絶帳外願を出していたことがわかる（万代記）。飢饉時には、こうした事例がかなり多かった。この問題はのちほどもう少し詳しく検討するが、次節では、義絶帳外者と追放者の実態がどうであったかを考えていこう。

義絶帳外と追放の実態

若年層の欠落

表8と表9によれば、天保六年（一八三五）から弘化元年（一八四四）の一〇年間に、無宿《むしゅく》（義絶帳外《ぎぜつちょうがい》＋追放）となった者は、町方で九六名、在方の田辺組は一三六名で、合計二三二名にのぼる。ちなみに、右の時期、この田辺の町方と在方での乞食死は二六五名であった（一五七ページの④参照）。乞食死のうち、一〇歳未満が二七名、一〇歳から一九歳までが七二名で、二〇歳未満は合計九九名となり、乞食死の三七％強を占める。他方、当該期の義絶者で二〇歳未満は、町方が一九名、在方が二六名の合計四五名である。義絶者の二〇歳未満は約二五％を占める。天保飢饉時に二〇歳未満が大量死した背景に、当該期に二〇歳未満の義絶者が急増した事実が関係するとみられ注目される。化政期から天保期にかけて、縁座《えんざ》や連座《れんざ》の適用範囲が拡大され、経済的負

表10　追放内訳および赦免数一覧

	追放内訳	件数	赦免	20年以上	10～19年	5～9年	1～4年
城下分	居町追放	32	23	0	3	9	11
	惣町 〃	10	4	0	0	1	3
	田辺組〃	3	2	0	0	2	0
	城下 〃	37	22	0	2	9	11
	城下・田辺組〃	8	5	0	2	1	2
	10里外〃	4	2	0	0	1	1
	20里外〃	2	0	0	0	0	0
	領分 〃	38	17	1	7	4	5
	計	134	75	1	14	27	33
在方分(田辺組)	居村追放	18	10	0	0	4	6
	城下(江川浦のみ)〃	13	5	0	1	4	0
	江川浦〃	1	0	0	0	0	0
	組内 〃	21	13	0	0	7	5
	城下・田辺組〃	8	2	0	0	1	1
	領分 〃	15	3	0	0	3	0
	計	76	33	0	1	19	12

注：『田辺町大帳』『田辺万代記』『紀州田辺御用留』を基に作成．なお，城下分では，追放理由や年数の不明分を除き，１人で追放と赦免をくり返した事例などを加えたので，表８の数字とは一致していない．

担が増加するなかで、後難を恐れて、早めに義絶帳外にする風潮が高まっていた。そうした風潮は天保飢饉時の口減らし的風潮と重なって、二〇歳未満の欠落《かけおち》を促し、結果的に大量の二〇歳未満の乞食死を生むことになったと考えられるのである。

追放と義絶帳外の比較

ところで、すでに述べたように、追放の場合は比較的赦免が多く、義絶の場合は少なく、両者には約三・三倍の開きがあった。なぜこのような違いが生じたのだろうか。追放のうち、刑罰の内容がわかる表10を作成した。一番軽い「居町追放」から一番重い「領分追放」まで八種類に分類できる。右のうち、「惣町追放」と「城下追放」はほとんど同じと考えてよく、これが四七件でもっとも多く、赦免の割合は約五五％である。その五〇％強が四年以内に赦免となり、九年以前を含めると九〇％強である。もっとも罪の軽い居町追放の赦免率は、七〇％強で非常に高いが、四年以前は五〇％弱、九年以前も九〇％弱で、前者より低く、一〇年以上が三名もいる。罪の軽重が必ずしも赦免年数に比例していないことを示している。しかし、一番重い領分追放は、赦免率が五〇％を割り、赦免されても一〇年以上が約四七％と、長期にわたってい る。「二十里外追放」も領分追放とほぼ同じなので、この割合はもっと低くなる。しかし、それでも両者の合計は四〇％強と、四割以上が赦免されている。

追放の理由は、「不届《ふとどき》」「不調法」「不埒《ふらち》」などの抽象的表現で不明なものが多い（三五件）が、判明する分で一番多いのが、盗み関係の二八件である。このうち赦免された分は五件で一八％弱、これに対して、二番目に多いのが博奕《ばくち》で二五件、このうち赦免された分は一九件で七六％である。博奕の場合は多くがのちに赦免されるが、盗みの場合は当然であろうが、赦免率が極端に低い。再犯者が多いためと考えられる。追放者の履歴をいくつか示しておこう。

追放者の履歴

寛政四年（一七九二）六月二十七日に、本町の井熊屋庄八は、以前から不届なことがあるとして、紺屋町国平、海蔵寺丁権吉、代官丁庄七とともに、御領分追放で闕所《けっしょ》（財産などの没収刑）を申し付けられた。庄八は、文化七年（一八一〇）十二月、旦那寺《だんなでら》法輪寺の願い出に加え、このたびの格別の御慶事（恩赦）により、立ち廻り差し免《ゆる》された。さらに、文化十四年十月十七日、本町年寄から帰住御赦免が願い出られた。これによると庄八は、「二十六年巳前子《いぜんね》六月に不調法の件」で領分追放後、四番領西谷村で稼ぎ、立ち廻り赦免後も、また四番領で稼いできた。しかし、もはや老衰におよび何の稼ぎもできないので、帰住御赦免を願ってくれるよう願い出たという。そして、同年十二月二十六日に、帰住が差し免された。実に二五年ぶりの赦免である（大帳）。寛政四年に庄八とともに領分追放された三人のうち、庄七と権吉はのちに赦免となり、国平のその後は不明である。庄八の領分追放の理由は不明だが、おそらく博奕が原因だと思われる。また、寛政五年四月十一日、本町の堅田屋半助は、近年特別に厳しく停止《ちょうじ》したにもかかわらず博奕をし、不届だとして惣町追放となった。その後も博奕をやめられず、安政三年（一八五六）の帰住差し免しまでに、追放と赦免を四度もくり返している（大帳）。

右の事例のように、博奕が原因の追放の場合は、親族がくり返し赦免願を提出し、恩赦で赦免されることが多かった。たとえば、右の堅田屋半助が恩赦で帰住が差し免《ゆる》された寛政九年五月十一日には、多くの追放者が赦免された。その様子を追ってみよう（大帳）。

追放者の赦免

南新町の林兵衛、喜兵衛、新平、才助、および袋町庄七、北新町弥助が、堅田屋半助と同様の理由で帰住差し免しとなった。山家屋和七、瀬戸屋新蔵、干か屋善右衛門は、先年不届があり穀物酒商売を差し止めとなっていたが、もはや年数も経過したとて、右商売差し免しとなった。また、袋町平野屋庄七は、先年の不届で居町追放となっていたが、御追善のため居町での住居が差し免された。さらに、南新町次郎兵衛悴《せがれ》与四郎は、一一〇年以前に義絶となっていたが、このたび義絶を差し免したしとの親の願いにより、御追善のため立ち廻り差し免された。この一二名は、田辺城下町の大《お》年寄《おどしより》三名が会合し、小頭立合いのうえ、呼び出し申し付けられた。しかし、南新町権吉、同町和吉、時六事三助、三右衛門妻とらは、「このたびは願いが済み申さず、かねてからの如何《いかが》の風聞ゆえ也」と赦免が却下された。また、江川浦杉屋五郎左衛門は出行御免、江川浦利助は帰住御免となり、会所で申し渡された。以上は町年寄が願い出た分である。

それとは別に、湊福寺が願い出た南新町辰平は、御追善のため、剃髪のうえ徘徊《はいかい》が許され、高山寺が願い出た北新町文右衛門も御追善のため、剃髪のうえ徘徊が許された。そのほか、在方では、中村桂助は浄行寺の願いにより、立ち廻り御免、湊村の神山長右衛門は海蔵寺の願いにより、同断、古町弥右衛門は同寺の願いにより、帰住御免、湊村又右衛門悴円六は、湊福寺の願いにより、立ち廻り御免、そのほかに在中数々あった。恩赦が赦免に重要な意味を担っていたことがわかる。なお恩赦の手続きは次のとおりであった。

寛政九年（一七九七）五月二十一日の恩赦に先立ち、同年五月八日の記事に次のようにある（大帳）。

喜市（大年寄）を御呼び出し、この間差し出した追放者は、この節重き御法事なので、願い出れば御取り扱いもあると御申し聞かしのため、それぞれへ申し通す、ただし明日早々出すように仰せ聞かさる、権吉、時六、辰平、和吉、文右衛門、この分は旦那寺が願い、三右衛門女房、庄七、与四郎は組払い・町払いゆえ、町役の願いで、重き御法事の事を書き入れるように

願い出る場合、旦那寺と町役とで区別されていたことがわかる。ついで、文政九年（一八二六）八月には、「御領分および町内御追放者の帰住願いの節、立ち廻りの免除がある

節は、何年何月に立ち廻り御免と、願文へ認《したた》め加えるように」変更された。

天保三年（一八三二）十月十八日には、大年寄と田辺氏の連名で町々に、「帰住立ち廻りなど御免願の儀は、来年よりは十月差し入れまでのうちに願書を差し出すよう御通しがあったので、その段を心得るように」と通達した。そして、翌年九月二十六日には、「帰住または申し立て願の者は、来月朔日までに申し出るよう、廻文で例のとおり申し通す」と確認している（大帳）。

文政末年以降、追放者の赦免吟味に関して、立ち廻り御免の年月日を書かせたり、願書の提出時期を限定したりすることで、吟味の迅速化が図られたのである。

義絶帳外の赦免

義絶帳外の場合、表8と表9からわかるように、赦免される割合はきわめて低い（一五％）。その少ない赦免数のうち、何年くらいで赦免されるかを表11で示した。これによれば、田辺城下では、四年以内が二五件と半数強である。五年から九年が九件、一〇年から一九年が八件で、二〇年以上は一件となっている。四年以内での赦免は、お灸《きゅう》的な意味合いが強く、将来の赦免を

表11　義絶赦免件数一覧

	義絶赦免年数	件数
城下分	1～4年	25
	5～9年	9
	10～19年	8
	20年～	1
	不明	1
	計	44
在方分	1～4年	10
	5～9年	9
	10～19年	0
	20年～	2
	計	21

注：『田辺町大帳』『田辺万代記』『紀州田辺御用留』を基に作成.

あらかじめ予想したものであろう。二年以内が一六件で、しかもそのうち一年以内が六件もあるからだ。たとえば次のような事例がある。

文政九年（一八二六）十一月、紺屋町の畳屋新兵衛弟五郎兵衛（五七歳）と同町半三郎悴万蔵（一七歳）は、心得違いのことがあり、ともに家出し、親や親類から義絶帳外となった（大帳）。両人が家出した理由は、十一月二十三日、町内の稲荷宮祭礼で、他町へ獅子《し》頭《がしら》廻しに出た際、五郎兵衛と万蔵が過酒のうえ法外の働きをし、両人はそのまま同夜出奔《しゅっぽん》したからであった。この時、紺屋町の長吉悴国助ほか二〇名は、両人を取り鎮めなかったため追込（押込《おしこめ》の刑）となっている。両人の帰住御赦免願は、翌文政十年三月四日に、紺屋町年寄の名で出された。その願書によれば、万蔵母は五、六年以前より乱心体の病気、半三郎は御赦免を御願い申し上げたい所存ながら、すでに義絶帳外を願っているので、なかなか恐れ多く、願い出にくい、また、五郎兵衛は、五七歳の今も妻縁の取り組みがなく（妻帯できていない）、兄新兵衛の厄介で、新兵衛は日々不便と申し暮らしている。そこで、右両人の親類や町内組頭で帰住御赦免を願い出た。赦免されれば、隠れ住所を探すと述べている。その後、同年四月七日に、年数が経過していないと、一度は却下された。しかし、後刻中川氏から呼び出され、拝見するので、右の願書を差し出すよう仰せ聞かされ、日付を四月に直し、同八日に多屋氏へ差し出し、聞き届けられている。

最初の願書は、まだ事件から半年も経過していない三月なので、願書の日付を四月に変えさせ、事件から半年経過してからの願書にしたうえで、同年四月二十日に、両人の帰住の願いが聞き届けになった。そのうえで、隠れ家を探して罷り帰れば、それを失念なく届け出るよう仰せ聞かされた。出奔の理由が祭での「がさつ成る儀」にすぎないため、出奔の形で逃がし、義絶帳外の形をとってはいるが、両人の所在がわかったうえで、役所と町がある意味なれ合いで事を処理したと考えられる。短期間の義絶帳外にはこうした事例がある。では、義絶帳外者の多くは、その後どういう生活を送っていったのだろう。

義絶帳外のその後

南新町の与七悴大橘（吉）（一四歳）は、天保九年（一八三八）七月、家業不出精者とて、親や親類から願い出られ、義絶帳外になった。大吉はその後、高野山《こうやさん》へ登り円満院《えんまんいん》弟子になり僧行を遂げ、何卒出生の土地で住職をも勤めたいとて、帳外御赦免を毎々人伝《ひとづて》をもって一類（親族）まで歎き出た。そこで、大吉母や親類、南新町年寄が連名で、心底を改めたこと相違もないので、赦免されたいと、安政四年（一八五七）十月に願い出、同年十月二十二日に御聞き済しになった（大帳）。義絶帳外後、立ち直った事例である。

文久二年（一八六二）六月四日、奉行所から研屋《とぎや》弥助悴藤吉の居処《いどころ》を調べるよう申し渡され、本町年寄三七が飛脚永蔵の談話として次のように述べている（大帳）。

藤吉は、口熊野《くちくまの》有田浦某娘と出奔し、和歌山へ罷り越し住居していたところ、右娘は御屋敷内へ奉公に参っていたが、藤吉が折々銀子《ぎんす》を無心に行ったので、右娘は御暇を出され、この節両人は流浪している由

また、同月七日の条に、藤吉は、「嘉永七寅七月、義絶となり帳外に御願い申し上げたところ、御聞き済しになった、当年二五歳になり申す」と記されている。一〇代で駈落し、やがて流浪の生活にいたったようである。何か奉行所の吟味にかかるような行為をしたのだろう。

おふじ一件

さて、天保十三年（一八四二）八月四日、和歌山井原町で綛玉《かせだま》商売をしている岡屋久兵衛は、屋敷前で不審な男二人に誘われている幼女（一〇歳ばかり）を保護した（万代記）。幼女によれば、名はおふじで田辺の古町から奉公に来たという、母はおはなと答えた。久兵衛はそこで和歌山の大年寄勝本瀧右衛門に相談した。勝本は手を尽し、田辺から来た船の船頭に尋ね、ようやく親元が糸田《いとだ》村だと判明し、糸田村の庄屋に迎えをよこすよう書状を出した。はなは、八月十五日に田辺を出立し、十七日に久兵衛宅に着き、十九日昼前に、母子は出立した。だがその後、田辺からは何の連絡もなく、また、和歌山で母子を見かけたという者がいた。そこで勝本は、九月二日に再度、糸田村の庄屋に書状を送った。この文面は田辺の代官所にも伝えられたため、代官所は九月二十

六日付で糸田村庄屋を尋問した。庄屋は九月二十八日付の「口上」を提出した。それによれば、はなは天保八年に義絶帳外になっていたが、古町辺にいるとのことなので、迎えに遣わした。しかし、勝本氏への書状では帳外れの趣は記さなかったとしている。

庄屋は、はなが帳外れの事情を「ふと認め落と」したとあるが、おそらく意図的に隠し、穏便に処理しようとしたのであろう。はな親子が、久兵衛宅を出た後、すぐ田辺に戻らず和歌山で稼ぎのため留まっていたことが知られ、不審に思った勝本の問い合わせで、真相が判明してしまったのである。

はなの帳外れは、天保八年十月のことで、源兵衛後家年六四歳、同人忰女子はな年三九歳、同妹とめ年二九歳の親子三人は、不行跡だとして帳外れが願い出られ、同十六日に聞き届けられた。しかし、事件後の天保十三年十一月二十日に、糸田村庄屋によって帳外御赦免願が提出された。その「付紙《つけがみ》」によれば、三人は「米穀高値の節乞食に罷り出、行衛《ゆくえ》知れずになったので、後難の義も計り難く、義絶帳外を御願い申し上げた、しかし、その後日高辺にあって、先非を悔い毎々帳外御赦免」を願い出ていたという。その結果、同二十二日に、代官が聞き届けている（万代記）。

義絶帳外の少女たち

ところで、糸田村庄屋は、ふじ一件に関して、代官所からの御尋ねをうけ、「糸田村尾の崎武平妻ミツ」から次のような返答を得ていた（万代記）。すなわち、ミツは女奉公人を和歌山辺へ連れて行き、口入れする仕事をし、「いずれも難渋者の子供で、路用などは私が取り替え遣わし、先方で奉公に有り付いた節、給銀のうち金一歩ずつ先がりし、右道中の雑用や世話料として」受け取り、「親方で召し抱えの義は相違なしとの書付を取り、それぞれ親元へ渡」してきた。そして、天保十三年七月に、次の五人を召し連れた。紺屋町いし、江川たき、古町小ぎん子きぬ、同おはな子ふじ、江川おしも子「名は知らず」である。右五人を召し連れ、七月二十八日に出立、野嶋村へ止宿、二十九日に河ノ瀬へ止宿、晦日和歌山へ到着した。五人のうち、きぬは栗栖村伝吉所へ、おしも子は同人隠居へ、ふじは同村善蔵所へ、いしは出水村庄屋へ、たきは同人隠居へ、それぞれ奉公に「在り付け」させた。ところが翌日、非人番が来て、いしがどこかへ罷り出、見え申さず、抜けて逃げたという。そこで出水村の庄屋の所へ出向くと、事実であった。四日に帰宅後、いしの面倒を頼まれた紺屋町お仲の所へ行き事情を聞くと、「あの女は元来帳外者ゆえそのまま差し置いたらよい」ということであった。また、いしは、ミツが「連れ行った節、単物《ひとえもの》一枚、帯一筋、着の身着のままで小遣い銭など一文も所持」していなかったという。ミツによれば、ふじも親に頼まれたという。ミツが仲介した五人の子供のうち、二人が確実に帳外れだったことになる。ミツは奉公人の口入れを生業にしていたわけだが、出水村の庄屋の内儀が、いしの逃亡を知った後、「なおまたよろしき女があれば、またまた世話してくれるよう申した」と述べていることから、幼年でもこうした低賃金の奉公先はそれなりに多く、そうした奉公先に帳外れの子供らが送られていたことがわかる。

はな親子は、天保飢饉時の米穀高値の際、乞食に出て消息不明になり、後難を恐れた親類らにより、義絶帳外になった事実から、天保期の義絶帳外の急増は、こうした人々が多かったからと推察できるのである。

義絶帳外の赦免割合が低い訳

義絶帳外の赦免割合が追放のそれにくらべ、極端に低かった理由を考えてみよう。義絶帳外のうち、願書のみで赦免されたか否か不明な分が一七件ある。赦免された四四件と合わせて六一件、これでも全体の二一％弱にすぎない。それに対して、追放のうち、願書のみで赦免されたか否か不明な分が一六件あり、赦免された七六件と合わせて九二件で六一％に達する。追放の場合は、最終的に赦免されるか否かは別として、半数以上で赦免願が出されていたといってよい。ではなぜ義絶帳外の場合は、赦免願すら出されない割合が八〇％近くあるのだろうか。義絶帳外願の場合は、不行跡のような抽象的で定型的な文言がほとんどのため、具体的にどんな理由なのか不明な場合が多い。しかし、天保元年（一八三〇）八月十三日に、今後は義絶帳外の御赦免願を提出する時、不埒《ふらち》の様子を半切紙へ認《したた》め差し出すように町々へ申し通しがあった。そのため、これ以降については、不埒の様子が簡潔に記されるようになった。そこで、義絶帳外願が出されて、不埒の様子が判明する分を、城下町と在方（田辺組）にわけて整理すると次のようになる。

まず城下町では、全三四件のうち、家業不出精とあるのが二一件、過酒が二件、不行跡が二件、不身持《ふみもち》が一件、江戸へ欠落《かけおち》が一件、死去一件、不明が六件である。家業不出精が約六二％と圧倒的に多いことがわかる。同様に在方では、全二一件のうち、女と縺《もつ》れの義（「不義」）が四件、銭使いが荒いが二件、船荷の抜け売が二件、過酒が一件、賭勝負が一件、銀を遣い込み江戸へ欠落が一件、段々散財が一件、博奕が一件、不行跡が一件、身持よろしからずが一件、米穀高値が二件、不明が四件である。不義が四件でやや多いが、特に目立つ理由はない。

しかし、米穀高値で乞食に出、その後行方不明として義絶帳外になった事例が二件ある。これは、すでに述べたふじの母はなの事例と、西ノ谷村の兼之助の事例である。はなが天保八年、兼之助が天保九年に、いずれも乞食に出、義絶帳外になっている。天保八年は義絶帳外が二二件あり、そのうちあとで赦免となったのは、はな一家のみである。しかもこの年は、三月に神子浜《みこはま》村の藤兵衛一家四人、八月に糸田村の円七と六之助兄弟、おなじく八月に西ノ谷村のもん一家四人、十月に西ノ谷村の楠太郎と宇之助兄弟と、四家族が義絶帳外になっている。前年の天保七年は著名な大飢饉の年であり、翌天保八年には、乞食の行倒死が一三八名にのぼっていた（一六〇ページの表6参照）ことに注目したい。

無宿の全体的増加

天保十四年（一八四三）七月には、湊村庄屋嘉七が、「切戸地蔵で酉《とり》年（天保八年）以来果てた者の無縁菩提のため、寺々を頼み、来る二十三日二十四日に施餓鬼《せがき》および餅投げをしたい段、紺屋町八平が発起し願い出申した」と、天保八年の死者を弔う七回忌の施餓鬼開催を奉行所に願い出、その後、嘉永二年（一八四九）七月に一三回忌、嘉永六年に一七回忌を願い出ている。天保八年の飢饉が悲惨であったからであろう。天保九年もまだその余波が続いていたと考えられる。そうであれば、天保八年や九年の義絶帳外の多くは、はな一家と同じように乞食に出たまま、行方不明になった人々だった可能性が高い。この時期、農村では農民層分解で貧富の格差が激しくなっており、貧農のなかには、乞食として村を出たまま帰らない人々が多かった。本来であれば、親類などにそうした者がいると、事態がある程度おさまった段階で、赦免願を出し、帰村できたのであろうが、その親類もまた同時に潰《つぶ》れていたため、赦免願が出されることなく流浪のままになったのだろう。

同様のことは城下町でもいえる。先にみたように、城下町では義絶帳外のうち家業不出精が六〇％を占めていたが、この人々はもともと家業があった、つまり、ある程度安定した家があったから、一定の期間をへて赦免願が出され、帰住することが可能だった。だが、城下町でも赦免願を出せない八〇％近くの人々は、やはり都市の貧民であり、帰るべき家がなかった人々だと考えられる。少なくとも、天保期以降には、こうして義絶帳外になった人々が各地で増加し、無宿の全体的急増につながったと思われるのである。

　では、幕府は十九世紀以降のこうした無宿の急増という事態にどう対応したのだろうか。次にこの問題を考えてみよう。

天保改革と無宿問題

幕府の無宿対策

幕府の無宿《むしゅく》対策が本格的にはじまるのは、宝永六年（一七〇九）二月十五日に出された法令からである（『徳川禁令考』）。最初の条は、「無罪の宿《やど》なし」で在所のある者は、本人の心次第に任す。二条目は、帰るあてのない者は、江戸の非人頭《ひにんがしら》の手下《てか》とする。三条目は、「宿なし」でかつ「科《とが》」がある（有罪の無宿）場合は、罪の軽重に従って処罰し、罪のない場合は、今後召し捕えることはしない、とされた。こうした峻別は、幕末まで一貫した幕府の政策になった。

阿部昭は、右の法令の趣旨を検討し次のように述べている（『江戸のアウトロー』）。この時期江戸では、非人身分が秩序化されるいっぽう、悪質な奉公人問題がおこっていたと指摘したうえで、「元禄期以降、享保期半ばごろまでの幕府には、江戸の無宿取締り対策を、非人身分形成の問題や労働力市場の問題とのあいだでバランスを取りながら進めてゆこうとする考え方があった」と述べ、さらに、「十八世紀中葉以降、特に安永・天明期以後、治安の悪化が一段と進んだ段階の幕府の認識とはかなり違いがあるものと思われる」と主張した。十八世紀段階の幕府の無宿対策について、基本的に大きな間違いはない。問題は、この時期の幕府の無宿対策が、基本的に都市江戸の問題であったことだろう。この時期の幕府には、中央政権として無宿対策を位置づける意図はほとんどなかったといってよい。

享保七年（一七二二）二月、幕府は「科人追放の事」という法令のなかで（『御触書寛保集成』）、「近年公儀では、追放者はまずなきよう仰せ付けられたので、国々所々でその旨を存じ、猥《みだり》に追放にしないように」と触《ふれ》を出した。阿部はこの触に対して、追放刑は、「公儀の名による無宿の製造システム」という観点から、「幕府自身が追放刑のもつ矛盾を、公に認めざるをえなくなり、治安の問題を国家的視点から見直そうとした」法令と評価している。しかし、享保六年三月の江戸町触では（『江戸町触集成』）、追放され立ち帰った者が悪事をした場合は死罪と、再犯者の厳罰化を指示していることから推測すれば、軽罪の者をむやみに追放することを問題にしたのであり、「治安の問題を国家的視点から見直そうとした」とはいえないだろう。将軍吉宗《よしむね》の在職中である寛保元年（一七四一）七月には、「公儀の御仕置で、江戸払または追放などになった者が、御構いの場所に隠れていることがあるように聞いている（中略）不届《ふとどき》至極だ」と（『江戸町触集成』）、江戸払または追放の処罰を前提にした触を江戸に出している。「国家的視点」というよりは、都市江戸の治安を念頭においた施策だと考えられるのである。

松平定信の無宿対策

さて、表8からわかるように、安永末年から寛政年間にかけて、帳外《ちょうがい》（義絶《ぎぜつ》＋追放）が次第に増加しているように、全国的にもこの時期に無宿の増加がみられた。こうした状況のなかで、寛政二年（一七九〇）二月に、松平定信《まつだいらさだのぶ》によって、著名な人足寄場《にんそくよせば》が設置された。趣旨は同年二月の「寄場人足共へ申渡書」によれば、無宿の者も寄場で手業《てわざ》をおぼえ、職業に出精《しゅっせい》すれば、百姓素性の者には相応の地所を与え、江戸出生の者には出生の場所で店を持たせるというのである。無宿者の立直りで人別の回復を図ろうとしたのだ。

幕府は、十八世紀後半になって、無宿が増加し、江戸周辺の治安が悪化するなかで、すでに安永七年（一七七八）から、江戸やその周辺の無宿を召し捕え、佐渡島《さどがしま》の鉱山に水替え人足として送る政策をはじめていた。最初は無罪の無宿を送る計画で、前科のない無宿や罰則を終えた無宿が送られた。ところが、人足寄場が設置されると、無罪の無宿の多くは佐渡ではなく、人足寄場に送られることになり、佐渡へ送られる無宿の数が減少し、再犯の怖れがあるような無宿が佐渡へ送られるようになった。その後も江戸から送られる無宿は不足気味になったので、長崎や大坂からも送られた。大坂からは、文政六年（一八二三）に一八人が送られ、その後、天保十年（一八三九）までに一六〇人が送られた（磯部欣三『無宿人―佐渡金山秘史―』人物往来社）。この頃には、大坂など上方《かみがた》でも無宿が増加していたことがうかがわれる。

定信の「申渡」は、江戸に徘徊《はいかい》する無罪の無宿に何とか手業をつけさせ、更生させようとしたもので、無宿対策として最初はある程度の効果があった。しかし、無宿の継続的増加は、根本的解決をほど遠いものにしたのである。

定信が老中《ろうじゆう》職を解かれて数年後の寛政八年七月、江戸の町に「子弟に教育を尽し一族和合して帳外者がないようにすべき旨の申し渡し」が触れ出された。すなわち、「幼少の時より我儘《わがまま》に育ち」不行跡をくり返したり、家出または欠落《かけおち》をしたりして、その結果、久離《きゆうり》帳外になるのは、親子兄弟や所役人が「邪路に入らざるよう教育を尽さ」なかったためである。そうならないように、精々《せいぜい》心を尽して教え、やむを得ない場合のみ久離帳外を願い出るようにせよ、とか、家出または欠落者を安易に久離にしたり、所役人が半強制的に久離させたりしてはならない、と批判している。この触は、江戸町奉行所から江戸町年寄を通じて各町に伝えられ、各町では、名主《なぬし》が家持借家店借《たながり》裏々まで一統に申し聞かせ、行き届いた段階で、奉行所への請書の提出を命じている。久離帳外が江戸の町で大きな問題となりつつあったことがうかがわれる。しかし、久離帳外が無宿増大の一つの大きな原因だという認識は、この触をみる限りまだ稀薄だといってよい。

水野忠邦の「勘当久離帳外」観

他方、京都で「勘当義絶」の触が出るのは、明和三年（一七六六）十一月のことである。町方風儀町儀などの儀について、全九条にわたって触れ出した最初の箇条で、勘当義絶が近年多くなっているが、それは町役人が制道不《ふ》行届《ゆきとどき》なので、不埒《ふらち》がないよう示し合せと申し付けている。この触は町中へいちいち読み聞かせ、残らず印形を取り、請書を奉行所へ差し上げさせている。その後、明和七年八月、安永七年（一七七八）九月は明和三年と同文だが、寛政四年（一七九二）二月には単独の触になり、「いささかの当難を遁《のが》れるため、勘当義絶にする儀は、甚《はなは》だ不実の極みで、所役人までも心得方よろしからざる筋だから、今後も引き続いて風俗を改めるよう、一町一村限り精々念を入れ申すように」とある。単独の触になったのは、勘当義絶の問題がようやく大きな社会問題だと奉行所の役人に認識されたからだろう。その後、享和二年（一八〇二）十月、文化六年（一八〇九）八月と同文の触が出されている。だがこの段階では、江戸と京都で勘当義絶問題への対処が、それぞれ別個の形で行われており、なお無宿の増加問題と結びつけられていたわけではなかった。

ところが、天保十三年（一八四二）九月に、水野《みずの》忠邦《ただくに》は三奉行《ぶぎょう》（寺社、勘定、町奉行）

に対して、「村々風俗そのほかの儀につき御触書」を出している。そのなかで「勘当久離帳外の儀は、もともと軽からざる儀である、（中略）不実の儀がなきよう常々異見などを差し加え、一人たりともその所の人別が減らないよう取り計らうことが肝要である」と主張している。勘当久離帳外が結局はその所の人別を減少させてしまうと、正しく認識していたことを物語っている。そうであるがゆえに、この触は全国に触れ出されねばならなかった（『京都町触集成』『紀州田辺御用留』など）。水野は、人別減少の原因を勘当久離帳外の問題をも視野に入れ、対策を立てる必要性を認識していたのである。

忠邦の無宿帰郷対策

さらに、プロローグの武蔵一件でみたように、水野はすでに天保七年（一八三六）の段階で御救小屋《おすくいごや》を建て、無罪の無宿を国元に送還する政策を行なっていた。この政策の延長線上に天保十三年の有名な「無宿野非人《のひにん》旧里へ帰郷そのほか取り計らいの儀御書付」が出された（『徳川禁令考』）。水野はこの法令で、奉行所が捕えた無宿および野非人の処分にあたって、まず「まったく帳外までの者、あるいは格別の罪科もなき分」（無罪の無宿）を改心帰農させることにした。またそのうちで、「所役人の申し付けをも用いず、手に余る類、ならびに旧里から手放ち、差し置きがたき悪党、あるいはたびたび出奔などする者」、つまり博奕《ばくち》をしたり、家出をくり返したりするような不行跡者の科人《とがにん》予備軍は、江戸の人足寄場のように、「京大坂そのほか奉行所がある場所はもちろん、御代官御預所などへ新規に寄場を取り建て差し置き、それぞれ相応の手業《てわざ》をさせ」、私領でも、「万石以上一領ごとに牢躰《ろうてい》の囲いをつくり、万石以下知行給知の分は最寄の奉行所、あるいは御代官御預所の寄場へ引き渡し」、「そのほか寺社領の分は、付属の有無に随い、その領主の囲い、または右寄場へ入れ置き」、さらに「私領で領分払や村払などになった者」（有罪の無宿）に対しても、「その罪により同様に引き渡し」、彼らが心底を改め、帰農を遂げれば、囲い外の住居を差し免し、身分の有り付け方も世話する、つまり帳付けに戻すというのである。

水野は、無宿野非人を人別帳に戻す方策を模索していたのである。人別の増加という政策は、単に江戸だけで完結する問題でないことを認識し、新規寄場を全国的に設置することで、何とか実現させようとする意向がよく伝わってくる。無宿野非人の旧里帰郷令や翌年のいわゆる人返《ひとがえ》し令（『徳川禁令考』）が、江戸だけでなく、全国に触れ出されたのは、都市江戸を対象にした政策の一環ではなく、全国を視野に入れた政策だったからである。

忠邦の人別増加策

水野は、天保十四年（一八四三）三月、「諸国人別改め改正」を触れ出した（『徳川禁令考』）。その「在々へ御触」は、すでに述べたように、往来手形の発行に関して、今後は、まず村役人が代官や領主に願い出、その許状をもらうようにと指示した。一つには偽往来手形への対策であるが、それだけではなく、出稼ぎや奉公稼ぎの場合も、代官所や領主家来の奥書印形が必要だとしたのである。往来手形は、参詣だけでなく出稼ぎや湯治《とうじ》などでも発行されたから、一時的な不在に対しても、人別管理をより厳しくしようとしていたことがわかる。この触もまた、人別改めという幕府支配の根幹に関係する問題だけに全国に当然のごとく触れ出されたのである。水野は、人別改めが不備であれば、義絶帳外や追放だけでなく、参詣・出稼ぎ・湯治などでも、人別から漏れ出る者が続出してきた実情を認識したうえで、中央政権として、人別減少の問題を、全国的視野で何とか解決しようとしていたと評価できよう。

ひるがえって、松平定信は、寛政改革で江戸に来住した住民の帰農を奨励し、無宿の問題など江戸の治安対策を行なったが、もっと重要なことは次のような定信の認識であった（『宇下人言《うげのひとごと》』）。

天明午《うま》のとし（天明六年）、諸国人別改められしに、まえの子《ね》のとし（安永九年）よりは、諸国に百四十万人減じぬ、この減じたる人、みな死にうせしにはあらず、ただ帳外となり、または山家《やまが》・山伏《やまぶし》となり、または無宿となり、または江戸へ出て人別にもいらず、さまよいあるく徒、とはなりにける

安永九年（一七八〇）から天明六年（一七八六）までのあいだに一四〇万人が人別帳から消えたという。この間、天明の大飢饉があって死にうせし人がいるが、それだけではな

く、「帳外」（欠落や勘当、義絶による）や「無宿」（追放刑による）、また山家や山伏などとなり、人別帳からはずれてさまよい歩く徒になったからだというのである。しかし、定信の帰農策は、強制力がなかっただけでなく、都市江戸に限定した対策で、全国を視野に入れていなかったため、効果はあまりなかったといってよい。だが定信が、農村人口の減少は帳外や無宿の問題と深く関係していると認識していたことは注目してよい。

定信が帰農を奨励した寛政二年（一七九〇）から天保十四年までの五十数年のあいだに、無宿は急増している。水野にとっては、もはや江戸対策にとどまらず、幕藩体制の根幹を揺さぶる問題として、人別減少の問題を視野に入れる必要があった。人返し令で往来手形の問題に言及したのは、参詣や出稼ぎ、湯治などを口実にして往来手形を手に入れ、そのまま蒸発してしまうような事態を何とか規制しようとしたからなのであった。水野の右のような政策は、その限りで正しかったといってよい。だが、十九世紀に入ってからの欠落や義絶などが、縁座や連座を忌避した人々の防衛的対応であったことまでは理解できず、勘当久離を道徳的問題としてしか取りあげなかった。そこに水野の限界があった。同時に、水野の政策は、ある面で正しかったのだが、水野政権が短命であったため、新規寄場による解決策も効果がなく、人別把握の減少は幕末に向けていっそう幕府を苦しめていくことになったのである。

無宿の終焉

帳外れの廃止

まず帳外《ちょうはず》れについて。紀州藩では、明治二年（一八六九）五月十二日の「布告」で、義絶《ぎぜつ》での除籍が禁止された。親子兄弟の関係は生涯を通じて絶つ道理がないので、今後は義絶除帳を禁止するというのである。同年五月二十九日には、出奔《しゅっぽん》に関して次のような布告が出された。すなわち、今後、家出などの脱籍人の場合、早々に申し出れば、上より、つまり政府が捜索するというのだ（『南紀徳川史』）。江戸時代には、出奔届を提出しても、捜索は届人の側で行い、領主は捜索に何ら関与していなかったが、今後は政府が捜索にあたるというのである。

また尾張藩では、明治二年七月五日に、これまでに出奔や出稼ぎで音信不通になり、帳外れになっている者に対して、生所へ引き戻すため、出奔時の年齢や帳外れになった年月などを調べ報告するように指示した。同年九月二十九日には、脱籍の者は、以前も今後もないよう、親類や組合村役人が心得るようにせよと通達し、この触《ふれ》に庄屋が請印《うけいん》し、廻達することを求めた。さらに明治三年三月晦日、佐屋陣屋が出した「宗門改め」に関する触では、他所《よそ》へ行き、無音信の者は、帳外れの仕来《しきた》りであったが、当年より右の者でも除かず、名前上に朱書で無音信の訳を記し置くようにと通達された（『一宮市史』）。

明治に入るとすぐ、右のように、義絶や勘当《かんどう》などで除帳になった場合や、家出や出稼ぎでの音信不通で帳外れになった場合のような脱籍の者は、基本的に存在しなくなった。そして、江戸時代の宗門人別改帳《しゅうもんにんべつあらためちょう》は廃止され、明治五年二月実施の壬申戸籍《じんしんこせき》にかわっていったのである。

追放刑から徒刑へ

次に追放刑についてみていく。幕府は、享保七年（一七二二）に、追放刑はみだりにしてはならないとの触を出した。しかし、追放をやめ徒刑《とけい》制に移行したのは、宝暦五年（一七五五）に『刑法草書《けいほうそうしょ》』を施行して徒刑制を採用した熊本藩など数例にすぎなかった（石井良助『江戸の刑罰』中公新書、平松義郎『江戸の罪と罰』平凡社など）。現実には、追放刑が幕府や諸藩で実施され続けた。たとえば、紀州藩では、文政十二年（一八二九）に、勘定奉行の松平六郎右衛門が町奉行などと協議のため、「徒刑策建議」を著した（『南紀徳川史』）。同書は追放の弊害を指摘し、追放を徒刑にかえるべきだと主張し、建議数回にのぼったが、採用されなかった。『南紀徳川史』を著した堀内信は、「幕府の制に因循《いんじゅん》し初める勇挙がなかったものか」と慨嘆している。六郎右衛門はなぜ追放刑に弊害があると主張したのだろうか。総論で追放刑の弊害をくり返し述べた後、具体的な徒刑を二〇条にわたって書き、最後の箇条で、「年限満ちた節、無宿の者どもを元村に住居させ、入り百姓などの儀は時宜に応じて取り計らい、その節に精々教諭して心底《しんてい》を改めるようにする事」と述べる。すなわち、追放刑が人別の減少を招いているとの認識のもとで、徒刑にすることで無宿を元村に住居させることができ、ひいては人別の減少をくい止めることができるのだと主張した。六郎右衛門の主張は、水野忠邦が天保改革で実現しようとした人別の確保策に相通じていたのである。

六郎右衛門の徒刑策は実現しなかったが、明治二年十一月、太政官令《だじょうかんれい》で「磔刑《たつけい》は君父を弑《しい》する大逆に限り、そのほか重罪および焚刑は梟首《きょうしゅ》に換え、追放所払《ところばらい》は徒刑に換え、流刑は蝦夷地《えぞち》に限り」（『南紀徳川史』）とされ、追放所払は廃止され、徒刑になった。かくして、帳外れと追放刑はともに終焉《しゅうえん》を迎えることになったのである。

無戸籍者が原則存在しない社会

本章をまとめれば次のようになろう。紀州藩田辺領の『田辺町大帳』の分析から、十九世紀の無宿の急増は、追放刑によるというよりは、帳外れ（勘当、久離《きゅうり》、出奔の総称）によることが明らかになった。そこで、帳外れがなぜ十九世紀になって急増したのかを検討した。そして、いっぽうで、縁《えん》座《ざ》や連座《れんざ》の適用範囲がこの時期に拡大し、経済的負担が増大したため、地域にいる素行不良者を早めに切り捨てる風潮が高まり、他方で、天保飢饉時に、貧困層が乞食《こじき》に出、そのまま行方不明になったり、出稼ぎや参詣のため国元を出、そのまま出奔したりする人々が増加し、彼らの存在に不安を感じるようになった町村や家（親や親類）が、後難を恐れて、彼らを義絶帳外にした結果、帳外れが急増したことを明らかにした。

水野忠邦は、右のような事態のなかで、村々の人別が減少し、幕藩体制の根幹が揺さぶられるようになった現実を直視し、無罪の無宿の帰農を進め、人足寄場《にんそくよせば》の全国化で有罪の無宿の更生まで図ろうとした。また、無宿の急増は、偽往来手形の蔓延をもたらし、結果的に、地域での村送り体制を揺さぶるなど、さまざまな弊害を生み、幕府権威の低下を招くことになったため、往来手形の発行を厳正化し、出稼ぎや参詣での出奔に歯止めをかけようとした。しかし、水野の早期の失脚で、天保改革が短命に終わってしまったため、無宿急増の事態をくい止めることができず、問題の解決ができないまま、幕府は倒壊した。その後明治に入って、追放刑が維新政府により廃止されて徒刑に変わり、帳外れが否定されたことで、無戸籍者は原則存在しない社会がようやく成立したのである。

江戸のパスポート体制から学ぶ――エピローグ

パスポート体制の光と影

幕府や諸藩・寺社などの近世の領主は、領民の年貢が基本的収入だったので、領民の減少には敏感であった。そのため、領民の移動にはさまざまな規制がしかれ、身許《みもと》を証明するため、婚姻や奉公、住居移転などの際、村役人や町役人が発行する送り手形とともに、旦那寺《だんなでら》発行の寺送り証文《てらおくりしょうもん》が必要だった。商人や留学生、寺社の布教をする御師《おし》などが携帯した往来手形は、右の事情から、村役人や町役人、旦那寺が発行した。やがて寺社参詣や出稼ぎ奉公、湯治《とうじ》などの旅人が増加してくる元禄時代頃から、これらの人々も往来手形を携帯するようになった。

近世中期になると、旅人の数は増加し、途中で困難に遭遇する事例が多くなり、そうした際の対応が必要になってきた。その際、日本列島での民間の救済慣行が参考にされた。

近世の領主は、スローガンとして領民保護を標榜していたから、何らかの旅行難民の保護体制が必要だった。たとえば、延享二年（一七四五）七月、近江国《おうみのくに》（滋賀県）蒲生堂《がもうどう》村の小兵衛など八人が西国三十三ヵ所順礼に出かけた際、領主は出発にあたり、「永旅の儀なので、諸事に念を入れ、悪事をしないように、他所《よそ》の人々へ慮外過言などをしないように、もし仲間に病人かまたは不達者な者が出来《しゅったい》申した場合、互いにいたわり同道するように」と仰せ渡し、小兵衛自身と同行者の親や兄から請書をとっている（『蒲生町史』）。領民が安全に旅を続け、全員の無事な帰国を願っていた領主の本音がうかがわれる。こうして往来手形には身許証明の文言に加え、新たに保護救済の文言が加えられたのである。

近世後期になると、寺社参詣や出稼ぎ奉公、湯治などの旅人が急増するいっぽうで、追放刑による無宿《むしゅく》だけでなく、欠落《かけおち》や勘当義絶《かんどうぎぜつ》による帳外《ちょうはず》れ、すなわち無罪の無宿もまた急増してきた。その結果、往来手形を携帯できない流浪の旅人は、往来手形を偽造したり、平人を装ったりして、パスポート体制の恩恵を悪用するようになった。また、寺社参詣や出稼ぎの人々のなかには、国元への連絡をしないまま、欠落状態になって帳外れになる者も増加していった（プロローグにある伯耆国の栄助など）。こうした帳外れの増加は、松平定信が愁えたように、宗門人別改帳《しゅうもんにんべつあらためちょう》に記載された人口の減少を結果させることになった。水野忠邦が天保改革でみせた人別増加策は、まさにこうした事態への危機意識が背景にあった。人別人口の減少は、幕藩体制の根幹を揺さぶる大問題だったからである。維新政府が明治になってすぐ、脱籍者すなわち帳外れの戸籍への編入を急いだのは、右の事情によるものであった。

パスポート体制の廃止

他方、維新政府の成立によって、廃藩置県《はいはんちけん》が実現し、諸藩の割拠状態がなくなって、中央集権体制が確立した。民衆は、日本列島内では領主の領民ではなく、天皇の「臣民《しんみん》」となったのだ。その結果、民衆は日本列島内では、各自自由に移動することが認められることになった。婚姻や奉公、住居移転とともに、旅行なども日本列島内では自由になった。

では、往来手形はなぜ廃止されることになったのだろうか。往来手形は、身許証明の文言と保護救済の文言からなっていた。前者は、幕府や諸藩が割拠していたため、領民はどの領主に属すか示す必要があったことによる。しかし、日本列島が一つの中央集権国家になったことから、日本列島内では、民衆は天皇の「臣民」として統一され、従来のような身許確認は必要なくなった。他方後者は、いわゆる乞食順礼《こじきじゅんれい》の横行（『寺社参詣の社会経済的研究』）という弊害が顕著になっていたことや、維新政府が経済的に不安定であったことから、維新政府としては関与せず、自己責任の名のもとに否定されたのである。こうして国内用のパスポートである往来手形は、その役割を終えることになったのである。

移動の自由は本当か

かくして、近世のパスポート体制は終焉を迎えた。しかし、往来手形の形式は、外国用のパスポートが成立する過程で、ほぼそのまま採用されることになった。それは、現行のパスポートの前身に身許証明規定と保護救済規定が両方とも採用されていることから確認することができる。ところで、現行のパスポートは、日本だけでなく、各国で外国用のみが用いられている。また現行のパスポートは、多くの国が日本と同じように身許証明規定と保護救済規定の両規定を合わせ持つが、ヨーロッパの国々は「保護要請文」がなく身許証明規定のみである（『パスポートとビザの知識』）。ヨーロッパ系のパスポートが身許証明規定のみなのは、フランスやイギリスのパスポートが、その開始時点で、国王の臣下への恩寵《おんちょう》として成立したという事情による。臣下はパスポートを携帯していること自体が特権であり、多くの権限を付与されていたから、特に保護救済が謳《うた》われなくてもよかったのである。それゆえ、パスポートの本質ということであれば、身許証明の部分にあるといってよいだろう。だが、日本の往来手形に保護救済規定が入ったのは、本文で強調したように、往来手形が領主の側からではなく、民衆の救済慣行をもとにして、自律的に形成されたものであったことに注目する必要があろう。

近世日本の往来手形は、日本列島が諸藩によって分断され、領民はどこかの領主に属すことを証明するため、身許証明の必要性から生まれた。同様に、現行のパスポートは、各国民がある国の国民であることを証明するため、その身許証明のために必要なのだといってよい。近世日本は移動の自由がなく、規制されていた。だが、その意味では、現行の世界もまた移動の自由には規制が加えられているといってよい。

近年、紛争地域への渡航は危険だとして、パスポートの発給が停止される出来事があったが、それだけでなく、危険人物だとしてパスポートが発給されない国は多い。また、クーデターなどで難民として自国を逃れた人々は、「無国籍」となって、パスポートの発給を受けることができない。日本近世の帳外れは、宗門人別改帳から除帳になった人々で、現行の「無国籍」の人々と同様の立場にあった。近年、日本でも、「無国籍」な人々の存在が問題になっている。「無国籍」であれば、当然パスポートは発給されないのである。

右のように考えてくると、現在の世界は本当の意味で移動の自由があるといえるか怪しくなってくる。個人の認証が国家によってしか認められず、世界が国家によって分断されている限り、国家が発行する身許証明書としてのパスポートは存在し続けるだろう。だが、国家が国家のためのものでなく、本当の意味で国民のための国家になるとき、国家の認証は必要なくなり、保護救済規定のみが重要になると思われるのである。では、江戸時代のパスポート体制は、われわれにどんなヒントを提供してくれるのだろうか。この問題を最後に考えてみよう。

弱者救済の教え

近世のパスポート体制がある程度機能した背景には、旅行難民の救済が、日本列島の地域社会で実現されていたことがあげられる。なぜ近世社会で実現できていたのだろうか。その精神的背景を探ってみよう。

日本の古代社会では、施行《せぎょう》という行為が行われていた。施行は、本来は僧侶への布施《ふせ》であったが、やがて貧民や非人《ひにん》・乞食へと対象が変わった。古代社会で施行を行なったのは、支配層やその取り巻きの寺院などであったが、それは、貧民に救いの手を差しのべることが、支配層の自己正当化につながったからであった。施行は、中世社会でも支配層を中心にして行われた。

近世になると、幕府や諸藩でも行われたが、京・江戸・大坂の三都や各地の城下町、農村の富裕な人々が資金を出し合って施行が行われるようになった。これは仏教思想の根本にある慈悲の考えがもとになっており、ある種の弱者救済の思想だといってよい。また儒《じゅ》教《きょう》には、仁《じん》の思想が根本にあって、「鰥寡《かんか》孤独廃疾《こどくはいしつ》の者」（妻のない男、夫のいない女、孤児、子のない年寄りなどの頼る者のいない人、および身体障碍《しょうがい》者）を大切にせよという弱者救済の考えが古くからあり、それを実現することが、徳のある国王の証明だと認識されていた。この考えも古くから日本に伝わり、律令時代以来、各時代の政権によって、法令や高札《こうさつ》などでくり返し説かれ、その実現が求められていた。

東洋には、仏教や儒教に右のような弱者救済の教えがあり、それは日本でも広く受け入れられた。しかし、古代や中世では支配層を中心に実践されたにすぎなかったが、中世末期から江戸時代に入る頃から、ようやく一般の人々にまで右の教えが広まりはじめ、やがて社会意識として人々の心の襞《ひだ》にまで深く浸透していった。その延長線上に、すでに述べた宮津小田村の久左衛門のような篤志家《とくしか》が全国に登場してくるのであり、さらには、四国の接待所《せったいじょ》や鳥取・和歌山の報謝宿《ほうしゃやど》のような施行宿が生まれてくるのである。

パスポート体制の成立以前からあった旅行難民への救済慣行は、右に述べたような、仏教や儒教にもともとあった弱者救済の教えがもとになって成立したといってよいだろう。往来手形に保護救済規定が加えられたのは、決して偶然なのではなく、弱者救済の観点からいえば、ある意味で必然的なことだったのである。

共鳴し共感する人の本性

ところで、縁座《えんざ》や連座《れんざ》の基本的な考え方は、連帯責任によって治安の維持を図るというものであるが、時代によって適用の名目は少しずつ異なってきた。現代では、私有権の保護とか扶養者に対する監督責任といった名目で、縁座や連座の思想がなお生き続けている。たとえば最近では、子供が他人や物に損害を与えた場合、監督責任がある親に弁済が求められるとか、賃貸住宅で借主が自殺した場合などでは、私有権が侵害されたという名目で、血縁者などに弁済が求められる事例がニュースなどで報じられている。現在、縁座や連座の規定は刑法では意味を失っているが、江戸期の実態を引きずったまま、民事の面で根強く生き延びていることがわかる。縁座や連座の背景にある古代以来の「償《つぐな》い」観念の亡霊が、現代もなお生きていることを示している。今後は、この悪しき連鎖を断ち切る時期にきているのではないだろうか。

花を愛《め》で、小川のせせらぎに心を洗われ、あるいは、すぐれた芸術作品に感動したりする、これが人である。こうした人の本性は、人が他者や他物と共鳴したり共感したりする能力を与えられているからだといってよい。弱者救済の思想は、人の他者や他物に共鳴し、共感する力がもとになっていると考えられる。現代では、類人猿にもある種の弱者救済的な力が備わっていると考えられるようになっているから、この共鳴力や共感力は人だけの特権ではないのかもしれない。しかし、そうした事実があるにしても、人にとっておそらくもっとも大切な本性の一つなのではないだろうか。だが、人が本来持っている、こうした共鳴力や共感力がどう生かされるかは、当然のことながら人自身の問題なのである。

政治や経済の世界だけでなく、ヒーローの祭りあげに精力を費やすマスコミなどでも、相変わらず強者の論理が幅をきかせている現代社会で、弱者救済の視点を大切にしていくことが今後いっそう求められていくのではないだろうか。そのためには、われわれは、人や物に共鳴し共感できる本性を鍛え、みずから考えることで、将来のよりよい社会の実現をめざして、弱者救済の立場をより鮮明にしていくべきなのではないだろうか。

あとがき

私は江戸時代の思想や文化に興味があり専門にしていたので、旅などの交通史にあまり関心を持っていなかったが、二十数年前、ある自治体史の調査・執筆に参加した際、調査地域内で多くの旅行難民が生まれ、地域の人々によって保護・救済されている史料群に出会ったことをきっかけに、どんな先行研究があるか調べてみることにした。

その結果、従来の交通史研究は、制度面の研究が中心で、ソフト面、たとえば江戸時代は現代に比べ旅の途中で多くの困難があったと思われ、野垂れ死にの危険性が高かったと考えられるが、そうした不安はどのようにして克服されたのか、といった問題が未解決であることに気がついた。

その頃、別の自治体史編纂にも参加した。調査を重ねていくなかで、旅行難民の保護・救済に関して、かなり詳しく手続きなどが判明する史料群に出会い、往来手形が重要な意味を持っていることに気がついた。そこで、江戸時代の前期から幕末までを俯瞰できる、以前から活用していた『田辺町大帳』などを読み、全体的な流れをつかむことにした。

その一方で、往来手形が現在のパスポートに相当することにも気がつき、先行の研究史を調べてみた。だが、明治以降の新しい動きを欧米からの影響ですべて説明する風潮がここでもみられ、往来手形との関連はまったく検討されていなかった。そこで、往来手形を現行パスポートの前身としてとらえ直してみればどうなるか、という新しい視点を獲得した。

右のようにして、江戸時代の往来手形を活用した旅行難民の保護・救済体制が、現行のパスポート体制に先行する国内用パスポート体制にほかならないことを明らかにしていった。これが本書で解決できた課題の一つ目である。

他方で、江戸時代のパスポート体制は、往来手形を携帯できた人々には福音であったが、発行してもらえない人々にとって、どんな意味を持っていたのだろうか、と考えるようになった。そのきっかけは、天明飢饉や天保飢饉といった大飢饉時に、大量の乞食が死去し、定型化した文言で簡単に処理されているという事実に出会ったこと、および、この大量の乞食死は、この時期に往来手形を発行してもらえない無宿（勘当、久離、欠落、および追放刑などによって宗門人別帳から除かれた帳外れの人々）が急増していることと深い関係があることに気づいたからであった。

無宿は現代風にいえば無国籍者に相当する。江戸時代の町や村といった特定の団体に所属していないため、往来手形を発行してもらえず、各地を流浪して生活していた。しかし、往来手形が普及してくると、偽往来手形を悪用する者も現れ、地域社会に多大な影響を与えるようになった。この無宿の問題が、江戸時代のパスポート体制の影の部分に当たる。

これまでの研究では、十八世紀後半以降の無宿の急増は、追放刑を受けた人々が原因であるとされてきた。しかし、その数は十八世紀後半から十九世紀を通じてほとんど横ばいで、この時期の無宿の急増を説明できないことがわかってきた。さらに調べていくなかで、十八世紀後半以降の無宿急増は、縁座や連座を忌避して義絶（親や親類によって勘当や久離されること）されたうえ、帳外れとなった人々によるものが主な原因だと判明した。そこで、こうした事実に着目して、従来の通説を見直しながら、往来手形を発行してもらえず、流浪の生活を余儀なくされた無宿の問題が、パスポート体制とどう関連しているかを考えてみることにした。これが本書のもう一つの課題である。

本書は、構想から二十数年を経過して生まれた。最初は、江戸時代の人々は旅の途中で直面するさまざまな不安にどう対処したのだろうか、という漠然とした疑問から出発し、その後、問題を一つ解決するとまた新たな疑問にぶつかるといった具合に、牛歩よろしく一歩一歩積み重ねていくことで、江戸時代のパスポート体制がどういった意味を持っていたか、その全体像がようやくおぼろげながらつかめるようになった。長年の宿題をやっと片付けることができ、今は少しほっとしている。

二〇一六年四月

柴　田　純

著者略歴
一九四七年　愛知県に生まれる
一九七二年　京都大学文学部国史学科卒業
一九八一年　京都大学大学院博士課程国史学専攻単位取得満期退学
元京都女子大学教授、京都大学博士（文学）

主要著書・論文
『思想史における近世』（思文閣出版、一九九一年）
『江戸武士の日常生活』（講談社、二〇〇〇年）
『日本幼児史』（吉川弘文館、二〇一三年）
「行旅難渋者救済システムについて」（『史窓』五八号、二〇〇一年）
「近世パスポート体制の影」（『史窓』六八号、二〇一一年）

歴史文化ライブラリー
432

江戸のパスポート
旅の不安はどう解消されたか

二〇一六年（平成二十八）九月一日　第一刷発行
著　者　柴《しば》田《た》純《じゅん》
発行者　吉川道郎
発行所　株式会社 吉川弘文館
東京都文京区本郷七丁目二番八号
郵便番号一一三—〇〇三三
電話〇三—三八一三—九一五一〈代表〉
振替口座〇〇一〇〇—五—二四四
http://www.yoshikawa-k.co.jp/
印刷＝株式会社 平文社
製本＝ナショナル製本協同組合
装幀＝清水良洋・柴崎精治

ISBN978-4-642-05832-2

歴史文化ライブラリー

1996. 10

刊行のことば

現今の日本および国際社会は、さまざまな面で大変動の時代を迎えておりますが、近づきつつある二十一世紀は人類史の到達点として、物質的な繁栄のみならず文化や自然・社会環境を謳歌できる平和な社会でなければなりません。しかしながら高度成長・技術革新にともなう急激な変貌は「自己本位な刹那主義」の風潮を生みだし、先人が築いてきた歴史や文化に学ぶ余裕もなく、いまだ明るい人類の将来が展望できていないようにも見えます。このような状況を踏まえ、よりよい二十一世紀社会を築くために、人類誕生から現在に至る「人類の遺産・教訓」としてのあらゆる分野の歴史と文化を「歴史文化ライブラリー」として刊行することといたしました。

小社は、安政四年（一八五七）の創業以来、一貫して歴史学を中心とした専門出版社として書籍を刊行しつづけてまいりました。その経験を生かし、学問成果にもとづいた本叢書を刊行し社会的要請に応えて行きたいと考えております。

現代は、マスメディアが発達した高度情報化社会といわれますが、私どもはあくまでも活字を主体とした出版こそ、ものの本質を考える基礎と信じ、本叢書をとおして社会に訴えてまいりたいと思います。これから生まれでる一冊一冊が、それぞれの読者を知的冒険の旅へと誘い、希望に満ちた人類の未来を構築する糧となれば幸いです。

吉川弘文館

歴史文化ライブラリー

歴史文化ライブラリー

幕末日本と対外戦争の危機 下関戦争の舞台裏 ―― 保谷 徹

近・現代史

五稜郭の戦い 蝦夷地の終焉 ―― 菊池勇夫

幕末明治 横浜写真館物語 ―― 斎藤多喜夫

横井小楠 その思想と行動 ―― 三上一夫

水戸学と明治維新 ―― 吉田俊純

大久保利通と明治維新 ―― 佐々木 克

旧幕臣の明治維新 沼津兵学校とその群像 ―― 樋口雄彦

維新政府の密偵たち 御庭番と警察のあいだ ―― 大日方純夫

明治維新と豪農 古橋暉皃の生涯 ―― 高木俊輔

京都に残った公家たち 華族の近代 ―― 刑部芳則

文明開化 失われた風俗 ―― 百瀬 響

西南戦争 戦争の大義と動員される民衆 ―― 猪飼隆明

大久保利通と東アジア 国家構想と外交戦略 ―― 勝田政治

自由民権運動の系譜 近代日本の言論の力 ―― 稲田雅洋

明治の政治家と信仰 クリスチャン民権家の肖像 ―― 小川原正道

福沢諭吉と福住正兄《ふくずみまさえ》 世界と地域の視座 ―― 金原左門

日赤の創始者 佐野常民《つねたみ》 ―― 吉川龍子

文明開化と差別 ―― 今西 一

アマテラスと天皇 〈政治シンボル〉の近代史 ―― 千葉 慶

大元帥と皇族軍人 明治編 ―― 小田部雄次

明治の皇室建築 国家が求めた〈和風〉像 ―― 小沢朝江

皇居の近現代史 開かれた皇室像の誕生 ―― 河西秀哉

明治神宮の出現 ―― 山口輝臣

神都物語 伊勢神宮の近現代史 ―― ジョン・ブリーン

日清・日露戦争と写真報道 戦場を駆ける写真師たち ―― 井上祐子

博覧会と明治の日本 ―― 國 雄行

公園の誕生 ―― 小野良平

啄木短歌に時代を読む ―― 近藤典彦

町火消たちの近代 東京の消防史 ―― 鈴木 淳

鉄道忌避伝説の謎 汽車が来た町、来なかった町 ―― 青木栄一

軍隊を誘致せよ 陸海軍と都市形成 ―― 松下孝昭

家庭料理の近代 ―― 江原絢子

お米と食の近代史 ―― 大豆生田 稔

日本酒の近現代史 酒造地の誕生 ―― 鈴木芳行

失業と救済の近代史 ―― 加瀬和俊

近代日本の就職難物語 「高等遊民」になるけれど ―― 町田祐一

選挙違反の歴史 ウラからみた日本の一〇〇年 ―― 季武嘉也

海外観光旅行の誕生 ―― 有山輝雄

関東大震災と戒厳令 ―― 松尾章一

モダン都市の誕生 大阪の街・東京の街 ―― 橋爪紳也

激動昭和と浜口雄幸 ―― 川田 稔

歴史文化ライブラリー

- 昭和天皇とスポーツ〈玉体〉の近代史——坂上康博
- 昭和天皇側近たちの戦争——茶谷誠一
- 大元帥と皇族軍人 大正・昭和編——小田部雄次
- 海軍将校たちの太平洋戦争——手嶋泰伸
- 植民地建築紀行 満洲・朝鮮・台湾を歩く——西澤泰彦
- 帝国日本と植民地都市——橋谷 弘
- 稲の大東亜共栄圏 帝国日本の〈緑の革命〉——藤原辰史
- 地図から消えた島々 幻の日本領と南洋探検家たち——長谷川亮一
- 日中戦争と汪兆銘《おうちょうめい》——小林英夫
- 自由主義は戦争を止められるのか 芦田均・清沢洌・石橋湛山——上田美和
- モダン・ライフと戦争 スクリーンのなかの女性たち——宜野座菜央見
- 彫刻と戦争の近代——平瀬礼太
- 特務機関の謀略 諜報とインパール作戦——山本武利
- 首都防空網と〈空都〉多摩——鈴木芳行
- 陸軍登戸研究所と謀略戦 科学者たちの戦争——渡辺賢二
- 帝国日本の技術者たち——沢井 実
- 〈いのち〉をめぐる近代史 堕胎から人工妊娠中絶へ——岩田重則
- 戦争とハンセン病——藤野 豊
- 「自由の国」の報道統制 大戦下の日系ジャーナリズム——水野剛也
- 敵国人抑留 戦時下の外国民間人——小宮まゆみ
- 銃後の社会史 戦死者と遺族——一ノ瀬俊也
- 海外戦没者の戦後史 遺骨帰還と慰霊——浜井和史
- 国民学校 皇国の道——戸田金一
- 学徒出陣 戦争と青春——蜷川壽惠
- 〈近代沖縄〉の知識人 島袋全発の軌跡——屋嘉比 収
- 沖縄戦 強制された「集団自決」——林 博史
- 原爆ドーム 物産陳列館から広島平和記念碑へ——頴原澄子
- 戦後政治と自衛隊——佐道明広
- 米軍基地の歴史 世界ネットワークの形成と展開——林 博史
- 沖縄 占領下を生き抜く 軍用地・通貨・毒ガス——川平成雄
- 昭和天皇退位論のゆくえ——冨永 望
- 紙 芝居 街角のメディア——山本武利
- 団塊世代の同時代史——天沼 香
- 闘う女性の20世紀 地域社会と生き方の視点から——伊藤康子
- 丸山真男の思想史学——板垣哲夫
- 文化財報道と新聞記者——中村俊介

文化史・誌

- 毘沙門天像の誕生 シルクロードの東西文化交流——田辺勝美
- 落書きに歴史をよむ——三上喜孝
- 密教の思想——立川武蔵
- 霊場の思想——佐藤弘夫
- 四国遍路 さまざまな祈りの世界——星野英紀・浅川泰宏

歴史文化ライブラリー

跋扈《ばっこ》する怨霊 祟りと鎮魂の日本史——山田雄司
将門伝説の歴史——樋口州男
藤原鎌足、時空をかける 変身と再生の日本史——黒田 智
変貌する清盛 『平家物語』を書きかえる——樋口大祐
鎌倉 古寺を歩く 宗教都市の風景——松尾剛次
空海の文字とことば——岸田知子
鎌倉大仏の謎——塩澤寛樹
日本禅宗の伝説と歴史——中尾良信
水墨画にあそぶ 禅僧たちの風雅——高橋範子
日本人の他界観——久野 昭
観音浄土に船出した人びと 熊野と補陀落渡海——根井 浄
殺生と往生のあいだ 中世仏教と民衆生活——苅米一志
浦島太郎の日本史——三舟隆之
宗教社会史の構想 真宗門徒の信仰と生活——有元正雄
読経の世界 能読の誕生——清水眞澄
戒名のはなし——藤井正雄
墓と葬送のゆくえ——森 謙二
仏画の見かた 描かれた仏たち——中野照男
ほとけを造った人びと 止利仏師から運慶・快慶まで——根立研介
〈日本美術〉の発見 岡倉天心がめざしたもの——吉田千鶴子
祇園祭 祝祭の京都——川嶋將生
洛中洛外図屏風 つくられた〈京都〉を読み解く——小島道裕
茶の湯の文化史 近世の茶人たち——谷端昭夫
時代劇と風俗考証 やさしい有職故実入門——二木謙一
化粧の日本史 美意識の移りかわり——山村博美
乱舞の中世 白拍子・乱拍子・猿楽——沖本幸子
神社の本殿 建築にみる神の空間——三浦正幸
古建築修復に生きる 屋根職人の世界——原田多加司
大工道具の文明史 日本・中国・ヨーロッパの建築技術——渡邉 晶
苗字と名前の歴史——坂田 聡
日本人の姓・苗字・名前 人名に刻まれた歴史——大藤 修
読みにくい名前はなぜ増えたか——佐藤 稔
数え方の日本史——三保忠夫
大相撲行司の世界——根間弘海
武道の誕生——井上 俊
日本料理の歴史——熊倉功夫
吉兆 湯木貞一 料理の道——末廣幸代
アイヌ文化誌ノート——佐々木利和
流行歌の誕生 「カチューシャの唄」とその時代——永嶺重敏
話し言葉の日本史——野村剛史
日本語はだれのものか——川口 良・角田史幸
「国語」という呪縛 国語から日本語へ、そして〇〇語へ——川口 良・角田史幸

歴史文化ライブラリー

柳宗悦と民藝の現在 — 松井　健
遊牧という文化 移動の生活戦略 — 松井　健
薬と日本人 — 山崎幹夫
マザーグースと日本人 — 鷲津名都江
金属が語る日本史 銭貨・日本刀・鉄炮 — 齋藤　努
書物に魅せられた英国人 フランク・ホーレーと日本文化 — 横山　學
災害復興の日本史 — 安田政彦
夏が来なかった時代 歴史を動かした気候変動 — 桜井邦朋

民俗学・人類学

日本人の誕生 人類はるかなる旅 — 埴原和郎
倭人への道 人骨の謎を追って — 中橋孝博
神々の原像 祭祀の小宇宙 — 新谷尚紀
女人禁制 — 鈴木正崇
民俗都市の人びと — 倉石忠彦
鬼の復権 — 萩原秀三郎
幽霊 近世都市が生み出した化物 — 髙岡弘幸
雑穀を旅する — 増田昭子
川は誰のものか 人と環境の民俗学 — 菅　豊
名づけの民俗学 地名・人名はどう命名されてきたか — 田中宣一
番と衆 日本社会の東と西 — 福田アジオ
記憶すること・記録すること 聞き書き論ノート — 香月洋一郎
番茶と日本人 — 中村羊一郎
踊りの宇宙 日本の民族芸能 — 三隅治雄
日本の祭りを読み解く — 真野俊和
柳田国男 その生涯と思想 — 川田　稔
海のモンゴロイド ポリネシア人の祖先をもとめて — 片山一道

世界史

中国古代の貨幣 お金をめぐる人びとと暮らし — 柿沼陽平
黄金の島 ジパング伝説 — 宮崎正勝
琉球と中国 忘れられた冊封使 — 原田禹雄
古代の琉球弧と東アジア — 山里純一
アジアのなかの琉球王国 — 高良倉吉
琉球国の滅亡とハワイ移民 — 鳥越皓之
王宮炎上 アレクサンドロス大王とペルセポリス — 森谷公俊
イングランド王国と闘った男 ジェラルド・オブ・ウェールズの時代 — 桜井俊彰
魔女裁判 魔術と民衆のドイツ史 — 牟田和男
フランスの中世社会 王と貴族たちの軌跡 — 渡辺節夫
ヒトラーのニュルンベルク 第三帝国の光と闇 — 芝　健介
人権の思想史 — 浜林正夫
グローバル時代の世界史の読み方 — 宮崎正勝

考古学

タネをまく縄文人 最新科学が覆す農耕の起源 — 小畑弘己

歴史文化ライブラリー

農耕の起源を探る イネの来た道——宮本一夫
O脚だったかもしれない縄文人 人骨は語る——谷畑美帆
老人と子供の考古学——山田康弘
〈新〉弥生時代 五〇〇年早かった水田稲作——藤尾慎一郎
交流する弥生人 金印国家群の時代の生活誌——高倉洋彰
古　墳——土生田純之
東国から読み解く古墳時代——若狭　徹
神と死者の考古学 古代のまつりと信仰——笹生　衛
国分寺の誕生 古代日本の国家プロジェクト——須田　勉
銭の考古学——鈴木公雄
太平洋戦争と考古学——坂詰秀一

古代史

邪馬台国 魏使が歩いた道——丸山雍成
邪馬台国の滅亡 大和王権の征服戦争——若井敏明
日本語の誕生 古代の文字と表記——沖森卓也
日本国号の歴史——小林敏男
古事記のひみつ 歴史書の成立——三浦佑之
日本神話を語ろう イザナキ・イザナミの物語——中村修也
東アジアの日本書紀 歴史書の誕生——遠藤慶太
〈聖徳太子〉の誕生——大山誠一
倭国と渡来人 交錯する「内」と「外」——田中史生
大和の豪族と渡来人 葛城・蘇我氏と大伴・物部氏——加藤謙吉
白村江の真実 新羅王・金春秋の策略——中村修也
古代豪族と武士の誕生——森　公章
飛鳥の宮と藤原京 よみがえる古代王宮——林部　均
古代出雲——前田晴人
エミシ・エゾからアイヌへ——児島恭子
古代の皇位継承 天武系皇統は実在したか——遠山美都男
持統女帝と皇位継承——倉本一宏
古代天皇家の婚姻戦略——荒木敏夫
高松塚・キトラ古墳の謎——山本忠尚
壬申の乱を読み解く——早川万年
家族の古代史 恋愛・結婚・子育て——梅村恵子
万葉集と古代史——直木孝次郎
地方官人たちの古代史 律令国家を支えた人びと——中村順昭
古代の都はどうつくられたか 中国・日本・朝鮮・渤海——吉田　歓
平城京に暮らす 天平びとの泣き笑い——馬場　基
平城京の住宅事情 貴族はどこに住んだのか——近江俊秀
すべての道は平城京へ 古代国家の〈支配の道〉——市　大樹
都はなぜ移るのか 遷都の古代史——仁藤敦史
聖武天皇が造った都 難波宮・恭仁宮・紫香楽宮——小笠原好彦
悲運の遣唐僧 円載の数奇な生涯——佐伯有清

歴史文化ライブラリー